战术变革思维方式研究

郭　统 ■ 著

Wuhan University Press
武汉大学出版社

图书在版编目(CIP)数据

战术变革思维方式研究/郭统著. —武汉：武汉大学出版社，2021.6
ISBN 978-7-307-22299-1

Ⅰ.战… Ⅱ.郭… Ⅲ.战术学 Ⅳ.E83

中国版本图书馆CIP数据核字(2021)第091093号

责任编辑：黄朝昉　　责任校对：牟　丹　　版式设计：天　韵

出版发行：**武汉大学出版社**　（430072　武昌　珞珈山）
（电子邮箱：cbs22@whu.edu.cn 网址：www.wdp.com.cn）
印刷：三河市京兰印务有限公司
开本：710×1000　1/16　　印张：13　　字数：200千字
版次：2021年6月第1版　　2021年6月第1次印刷
ISBN 978-7-307-22299-1　　定价：48.00元

目　录

图 表 目 录

绪　　论

任何一个民族要想站在科学的最高峰，就一刻也不能没有理论思维。

——恩格斯

习近平同志深刻指出，现在战争形态变了、作战方式变了，我们的战争思维和作战理念必须与时俱进。他还进一步强调，“如果思维方式还停留在过去的老套路上，不仅难有出路，还会坐失良机”①。当前，战争形态在加速向信息化演变的同时，智能化战争已经初见端倪，作战方式不断发展变化，战术创新进入活跃期，要主动来一场思想上的自我革命，勇敢地从一切不合时宜的思维定式、路径依赖、固有模式中解放出来。如果我们的思维方式仍然停留在机械化战争的老套路上，“拿新瓶装旧酒”“穿新鞋走老路”，不但无法创新战术理论、推动战术发展变革，而且必然会在未来战争中陷入挨打的被动局面。

一、问题的提出

当打开战争史厚重的画卷，透过一次次战斗的刀光剑影、枪林弹雨，人们看到的往往是技术兵器发展进步改变作战方式的详尽描述，特别是新

① 习近平在参加内蒙古代表团审议时强调扎实推动经济高质量发展，扎实推进脱贫攻坚［N］. 解放军报，2018-03-06（1）.

的主导性武器投入战场，从而使战术改变原有发展轨迹的生动画面。伟大革命导师恩格斯正是在深入分析根源于火器技术进步，由美国独立战争起义者发明、最终由法国革命所完成的散兵线战术的基础上，提出了“技术决定战术”的著名论断。从战术发展的历史长河来看，战术取决于军事技术，这固然没有任何疑义。但是，20 世纪以来军事领域发生的一系列变革也充分表明，战术对技术的拉动作用愈发明显，特别是美军基于作战实验的战争预演，使得军事理论创新的地位更加凸显。人类正在“从战争中学习战争”向“实验室设计战争”的模式转变，如何更好地实现战术与技术的互动，既需要从军事技术发展的角度研究战术变革，更需要通过思维的自由创造创新作战概念，自觉设计和推动战术变革，推动军事技术发展，只有这样，才能避免人云亦云、邯郸学步，实现从跟跑到并跑再到领跑的转变。

（一）从“技术决定战术”说起

“一旦技术的进步可以用于军事目的并且已经用于军事目的，它们便立刻几乎强制地，而且往往是违反指挥官的意志而引起作战方式的改变甚至变革。”① 这是恩格斯关于技术和战术关系的经典论断，也是“技术决定战术”的权威出处。此后，列宁又进一步肯定说：“战术是由军事技术水平决定的——这个真理，恩格斯曾反复向马克思主义者作过通俗而详尽的解释。”② 这又进一步强化了人们对“技术决定战术”的认知，使之成为不证自明的真理，被军事理论界奉为圭臬。

事实上，在军事技术不断发展进步而渐进性地改造武器装备打击力、机动力和防护力的过程中，受思维惯性的影响，人们往往会抱着上一场战争的经验舍不得放弃。但那些能够敏锐感知军事技术发展的军事指挥员或理论研究人员，往往会先人一步预见作战方式即将发生的变革，从而提出

① 马克思恩格斯军事文集：第 1 卷［M］. 北京：战士出版社，1981：17.

② 列宁全集：第 13 卷［M］. 北京：人民出版社，1987：370.

新的作战理论。如英国军事理论家富勒的“装甲战”理论、苏联元帅图哈切夫斯基的“大纵深作战”理论、美军退役中将格雷厄姆的“高边疆”概念，以及美西点军校著名教授丹尼斯·哈特·马汉（《海权论》作者马汉的父亲）的“机动支队”理论等，都是思维创造的结果。再进一步说，那些既能够敏锐感知军事技术发展变化，又能迅速转变思维观念，摒弃原有战术，采取与新的军事技术和武器装备相适应的作战方式的指挥员，无疑将牢牢掌控战场的主动权。

可见，在战术从量变到质变、实现飞跃式变革的过程中，作为主体的人在其中发挥着十分重要的作用。事实上，恩格斯关于军事技术违背指挥官意志强制改变作战方式的论断是在分析 18 世纪和 19 世纪前叶，由于火器技术发展进步在美国独立战争期间发明、最终由法国革命来完成的散兵线战术的基础上得出来的重要论断。这一论断从战术发展的历史长河来看是必然的，它其实是生产力决定生产关系、物质决定意识在战术领域的反映。但同时，思维对存在、生产关系对生产力具有反作用力，这也是马克思辩证唯物主义的基本立场和观点。恩格斯在强调技术决定战术的同时，不仅从来没有否认过人的创造精神和主观能动性的重要性，相反，在同一篇著作《反杜林论》中，他不止一次地强调了人在改变作战方式过程中的作用。如“军队的全部组织和作战方式以及与之有关的胜负，取决于物质的即经济的条件：取决于人和武器这两种材料，也就是取决于居民的质与量和技术”[①]。这里的“居民的质与量”就是指能够“给军队找到自由的运动形式”的、且在“经济上实现了解放”的群众，正是由于“经济上实现了解放”，才为思想自由创造了条件，从而为军队找到最为合适的“运动形式”，即战斗队形和作战方式。20 世纪以来，军事领域的一系列创新和变革也一再表明，战术与技术互动，思维与行动并行，是我们这个时代战术发展变革的重要特征。作为主体的人发挥创造性的过

① 马克思恩格斯军事文集：第 1 卷 [M]. 北京：战士出版社，1981：17.

程，其实是在战争实践基础上完成认识飞跃的过程，但是人们对战术的认识如何实现飞跃并进而完成战术的变革？这并不是简单的“实践—认识—再认识—再实践”的循环往复的过程。在这一过程中，认识飞跃是怎样进行的？实现飞跃的机制是什么？人的思维又是如何运动的？这些过程需要我们去研究、去揭示。只有把战术变革过程中的思维如何运行、发挥着什么样的作用等问题搞清楚、搞透彻，才能更好地在军事技术提供的决定性物质基础条件上促成战术认识的飞跃，科学并有预见性地推动战术变革的实现。

（二）“小米加步枪”如何战胜美械装备

回顾毛泽东领导的人民解放军在武器装备敌优我劣的严峻形势下，依靠“小米加步枪”战胜国民党军“飞机加大炮”的战争实践，以及朝鲜战场上与以美军为首的联合国军之间的五次战役，我们不难发现，除了政治上人心向背、指导理论先进、战斗精神顽强等因素之外，单纯从军事角度分析，以毛泽东为核心的领导集体创造出来的灵活机动的战略战术无疑发挥着十分重要和关键性的作用。如果再进一步追问，毛泽东创造性提出“十六字诀”“十大军事原则”并进而形成人民战争的战略战术思想，以及创造出“游击战”“麻雀战”“地道战”“地雷战”等作战方式的背后，他的思维方式在其中发挥着什么样的作用、思维是如何运动的，以及这是一种什么样的军事思维方式和方法，我们又该如何来回答？事实上，认真研究毛泽东的军事著作和指导战争的实践，不难发现，贯穿始终的，是毛泽东将马克思主义基本原理同中国革命战争的具体实际相结合，运用马克思主义哲学思维方式研究和指导中国革命战争的具体问题。正是因为这种先进的哲学思维方式，才使得以毛泽东为核心的军事领导集体，在波澜壮阔的中国革命战争实践中创造出了灵活机动的战略战术，并进而形成了经典的毛泽东军事思想。

（三）越南战争后美军作战理论创新何以引领世界

1975年4月，越南战争结束。是役，美军共死亡58202人、受伤303616人、失踪2500人，损失飞机8612架，耗资至少2500亿美元。[①]越南战争的失利，触发了美军全面的军事改革。其中，尤以作战理论创新最为引人注目。20世纪80年代初期，美军提出“空地一体战”理论，并应用于随后的海湾战争，使美军走出了越南战争的阴影，打出了自信。尝到创新甜头的美军并没有抱着“空地一体战”理论紧紧不放，而是认真反思和总结，写出了厚厚三卷本的《海湾战争——美国国防部致国会的最后报告》。此后，又接连提出“基于效果作战”“网络中心战”“震慑理论”“快速决定性作战”“全频谱作战”“空海一体战”“混合战争”“多域战”等作战理论。特别是进入20世纪90年代后，各种新的作战概念、作战理论呈现出“井喷”之势。与此同时，科索沃战争并没因循海湾战争的旧例，而是采取了全新的“外科手术式打击”战法；当外界普遍认为伊拉克战争也将采取海空联合火力打击的方式实施时，美军却派出了地面部队；击毙本·拉登行动中，又演变成海豹突击队员搭乘黑鹰直升机并在卫星支持下的一次精准斩首行动，体现出了“战略决策、战役指挥、战术行动”的鲜明特征。在这些作战行动中，美军逐步废除了前线的概念，抹平了作战部队与国家情报机构、公司企业等之间的明显界限，将战场空间拓展至太空、电磁、信息等新的领域。

从美军改革实践不难看出，越南战争后，美军始终把作战理论创新作为重要先导，要求军事改革必须建立在先进的军事理论的基础上，正如其参联会前任副主席威廉·欧文斯所说，军事变革与其说是新技术的革命，还不如说是通过创新作战理论而充分利用新技术的革命。美军作战理论不断推陈出新、花样百出，他们是如何做到的呢？这个问题值得我们深思。

---

① 数据来源：Dictionary of American History：VOL.7［M］. New York：Charles Scribner's Sons，1976：185.

（四）“昨天的思维 + 今天的武器”打不赢明天的战争

美国前国防部部长拉姆斯菲尔德关于军事转型曾经有一个非常形象的比方，他说，给欧洲中世纪的骑士一支步枪，如果这个骑士骑马冲到敌人面前用枪托狠狠地砸敌人，那不是转型；但如果他开始躲在树的后面向敌人开枪射击，这才能算是真正的转型。军事转型既是作战思想、力量编成、军事技术和战役战术共同的转变，但归根结底是思维方式的转变。拉氏的这一比喻，充分地说明了一个道理，即便拥有再先进的武器，如果脑袋跟不上技术，“昨天的思维 + 今天的武器”打不赢今天的战争，更不可能打赢明天的战争。李鸿章的“盛字营”也足以说明无论武器装备多么先进，如果思维方式落后于时代要求，在战场上就不可能有立足之地。

作为李鸿章嫡系、淮军主力之一的“盛字营”在周盛传力主之下，清光绪元年（1875 年）即开始换装后装线膛枪炮，清光绪六年（1880 年）就换装了哈奇开斯连发枪，骑兵均配备了温彻斯特马枪，炮队则装备有射程 3000 米的德制克虏伯后膛钢炮。从武器装备上看，盛字营基本上与当时欧洲的武器装备发展水平保持了同步。在战术训练方面，最先采用英军线式战斗队形进行操练，普法战争后鉴于德军称雄，盛军亦“改习德操”。在盛军主帅周盛传的调教下，盛军成为装备先进、技精器良的一支劲旅，足为勇营最高代表。但这支精锐之师，却在甲午战场上一败涂地。

“盛字营”何以落到如此下场？抛开清廷的腐败没落，南开大学博士生赵鲁臻在其博士论文中一针见血地指出症结所在——思维方式。赵在其论文中还详细分析了周盛传在思维方式上的局限，指出周盛传虽然时常向西洋人士请教，但经过周的主观改造和过滤之后，剩下的只是包裹着西式外衣的旧战法。① 周盛传的这一思维方式决定了他真正能够接受的是有关枪炮操作、步法训法等效果直观可见的外在之物，而并不能真正理解近代

---

① 赵鲁臻. 危机下的变革：晚清陆军战术及训练研究［D］. 天津：南开大学历史学院，2014.

欧洲比较先进的军事思维观念。因此一旦涉及比较深层的思维观念问题，周就会自觉不自觉地以既有的经验和观念作为评判取舍的标尺，对西洋人的建议合意则取、不合意则弃，甚至还经常嘲讽他们不懂兵法。这种思维方式上的落后，决定了周尽管有着强烈的趋新意识，但始终受制于旧的军事体制和思想观念，也就终究无法解决军事改革中主观态度与客观实践、自我定位与改革指向之间的基本矛盾，成为军事领域的"南橘北枳"，最终导致"盛字营"只是换装了先进武器装备的旧式军队。

正是为了研究和解决以上问题，笔者在导师张鹏飞教授的指导下选择战术变革思维方式这一问题作为本书主题，以期透过战术发展演进中的每一个质变过程，揭示战术从量变到质变过程中思维方式的作用机理，概括总结出战术变革的思维路径与典型模式，并希望能够引起更多的人对这一问题更为广泛的关注和更为深入的思考，最终通过思维方式的主动变革推动战术的发展变革。

二、国内外研究现状

无论是战术变革，还是思维方式，都不是一个全新的研究课题。目前，学界已经发表了不少相关学术研究成果。这为笔者的研究奠定了坚实的理论基础。但对战术变革与思维方式二者之间的内在关系的研究，应当说并不多见，甚至是凤毛麟角，更谈不上系统、深入，这又成为笔者研究的重要机遇。

（一）国内研究现状

通过军事理论数字图书馆、中国博士论文数据库、军事学硕博论文数据库等平台查阅相关文献，以"战术变革"作为关键词，输入军事理论科学数字图书馆，搜索发现共有 251 条记录；输入维普期刊数据库搜索发现 7 条记录。以"思维方式"作为关键词，搜索发现共有 216576 条记录；输入维普期刊数据库搜索发现 34341 条记录。以“战术变革思维方式”作为关键词，两个数据库都没有搜索到任何记录。经过文献检索和研究分析，笔者认为，当前我国学界对战术变革问题的研究主要集中在以下几个方面。

1. 在分析战术变革动因基础上提出战术变革关键要转变思维方式

在恩格斯“技术决定战术”论断的基础之上，不少学者深入研究了战术变革问题，认为战术变革是观念与实践、物质与精神的统一，并通过对历史的研究考察，提出战术变革的动因主要是军事技术发展进步的牵引、战争实践的驱动、战术主体的能动创造等。《战术变革的技术动因与规律探析》《战术变革研究》等是众多学术研究成果中的代表。其中，《战术变革研究》的作者提出，战术变革是主体在一定战争历史条件下有意识地改造军事世界的主观能动行为。对抗主体的主观能动程度，如思想观念、自我觉悟和思维方式，不仅决定着战术变革发生发展的方向，同时也影响着战术变革的具体进程与最终结局，并进一步总结出了战术变革的基本规律。同一作者还在其另外一篇论文中鲜明地提出了“战术变革基于思维观念的突破”的观点，认为推动战术变革的关键是要转变思维方式，要注重确立与时代发展相适应的思维方式。这一观点，笔者认为，无疑触及了战术变革更为深层的思维方式上的原因。但遗憾的是，围绕这一主题进行研究的学术成果非常少，更没有系统的、深入的研究。

2. 在探讨战术变革发展趋势基础上提出联合战术

古为今鉴。研究昨天的战术，目的是打赢明天的战争。不少学者从战术发展的规律入手，围绕今后一段时期战术转型与变革进行了深入研究。如，孙夕华等集中考察了战争形态转型期间陆军战术体系从渐变到质变的情况，着重揭示和回答了战争转型与陆军战术变革之间的内在联系、变革机理、互动规律、本质特征和发展趋势等基本理论问题，提出信息化条件下陆军战术应确立的基本思想。张权等提出信息时代的战斗样式主要是信息战斗、机动战斗、非接触战斗和特种战斗。黄建明认为，突然性将成为未来战斗中影响战斗结局的关键要素，集中兵力的内涵将在数量、空间、时间等维度上发生新的变化，进攻将成为较强的战斗样式，节点瘫痪将成为战术运用的重点，战斗的基本形式将逐步向一体化联合战斗演进，快速精确作战将主导未来战场。根据战争形态发展演变和作战方式的发展变革，曾苏南认为战术行动越来越具有“联合”的特征，但对照联合作战的内涵标准还不能称为完全意义上的“联合战斗”，从而提出了“战术级联合行动”的概念。檀松、穆永明在这些研究的基础上，出版了《联合战术学》，详细阐述了联合战斗的内涵特征、要素、力量、指导等基本理论问题。不管是战术级联合行动还是联合战斗，都是对战术变革趋势的一种预测和判断，其争议的焦点在于是否在战术级部队设立联合指挥机构。这一点目前已经在学术界取得了认识上的统一，即联合指挥机构统一指挥两个以上战术兵团、部队和分队共同进行的战斗为联合战斗。

3. 在军事思维方式和作战思维方式研究基础上提出战术思维概念

我国著名科学家钱学森高度重视思维科学研究，早在20世纪80年代，他就提出将思维科学列为与自然科学、社会科学、军事科学等并列的八大部门之一，强调要加强思维规律、思维方法、思维科学的研究，努力揭示人类认识客观世界的规律和方法。此后，我国先后出版了一批以《思维方式与社会发展》《中国思维科学丛书》为代表的学术研究成果，对思维规律和思维的方式方法等进行了比较广泛而又深入的研究。

作为认识客观世界的方法，思维及思维活动样式无疑对人们认识战争、认识战斗发挥着至关重要的作用。这一点，正在被越来越多的专家和学者认识到，并从不同层次、不同角度对思维及军事思维方式问题进行了研究。军事科学院原副院长李际均中将所著的《中国军事战略思维论》从理论上回答了战略思维的本质、特征与哲学基础，揭示了战略思维与战争认识论、方法论的关系等重大问题。江苏省逻辑学会副会长施恩亚教授比较系统地研究了毛泽东的逻辑思维，探讨了毛泽东同志对形式思维的贡献、对辩证思维的发展、对思维方式的创新，开辟了坚持和发展毛泽东思想的新蹊径。[①] 武汉大学博士生杨建领以《毛泽东创新思维研究》为题完成了其博士论文。空军指挥学院武伟丽研究员认为，毛泽东军事思维方式是他运用马克思主义基本原理，特别是唯物辩证法研究和指导战争实践活动中所形成的理性认识样式，并指出思维方式是毛泽东军事思想的精髓。[②] 这是有关军事思维方式的一些代表性研究成果。

在研究军事思维方式的同时，不少专家和学者也关注到了新军事革命与军事思维方式变革的问题，如毕文波、严高鸿主编的《军事思维学前沿问题研究》中第六、第七章专门论述了高技术战争和新军事革命与军事思维方式变革的问题，他们提出“世界新军事革命首先是一场军事认知领域的革命”[③] 的观点，认为新军事变革首先是军事思维领域和军事思维方式的变革。此外，也有一些学术论文中论及了军事思维方式或作战思维方式变革问题，如康国钦、郑君发表于《空军军事学术》2016 年第 1 期的《信息化条件下战争设计首先要转变思维方式》，李光玉发表于《中国军事科学》2011 年第 2 期的《从平面立体思维到网状体系思维》，以及邓一非发表于《军事学术》2007 年第 10 期的《论解放思想与变革军事思维方式》，等等。

此外，一些专家、学者还明确提出了“战术思维”的概念，并围绕战术思维内涵、方法与过程等问题进行了研究。其中，宋绍松、栗爱斌在其著作《战术思维研究》中界定了战术思维的含义，重点阐述了战术思维的基本规律、战术思维的方法与过程，但对思维方式与战术发展之间的作

① 施恩亚. 毛泽东逻辑思维研究［M］. 北京：人民出版社，2013.

② 武伟丽. 论毛泽东军事思维方式［J］. 中国军事科学，2013（4）.

③ 毕文波，严高鸿. 军事思维学前沿问题研究［M］. 北京：军事科学出版社，2005：384.

用机理等还缺少深入研究，且“战术思维”也很容易因战略思维而让人误解为是与战略相比处于较低的战术层次的思维。李振松在其博士论文《战术发展历史拐点问题研究》中将拐点思维引入战术研究，分析了战术发展历史上的六大典型拐点，并运用这一思维方法揭示了战术发展的内在机理与外在特征。吴志奇在其博士论文《易学视阈下的东方谋略型战术》中也提出了东方谋略型战术所运用的整体思维、模糊思维、循环思维、类比思维、谋略思维和灵感思维等方式方法。孙晔飞在《战术文化论》中将战术思维作为战术文化的构成要素之一，强调主体的认知功能为战术活动提供思维方法，认为从哲学或方法论的角度来看，战术本身就是组织战斗的一种思维方法，战术之所以为战术，就在于主体通过对战斗活动的独到思维，找到或形成了赢得战斗胜利的方法，同时，该著也从思维视野的角度分析比较了中西方战术文化的异同。

（二）国外研究现状

古希腊著名思想家亚里士多德的“三段论”、英国哲学家 F. 培根的“假象”说、法国哲学家笛卡儿的“唯理论”、德国哲学家康德的“先验图型论”、瑞士心理学家皮亚杰的“图式论”，以及马克思、恩格斯创立的唯物辩证思维、牛顿的“一法两观”、美籍奥地利生物学家贝塔朗菲的一般系统论等，都是对思维方式从不同侧面、不同角度、不同程度的研究与揭示，从而形成了比较丰富的思维方式研究成果。

在军事领域，外军虽然没有明确地提出战术变革思维方式的概念，但一直比较重视通过自然科学的成就来建构军事概念，这本身就是科学理性思维范式在军事领域的延伸。如，美国学者肖恩 · T. 劳森（Sean T.lawson）博士在其著作《战争与非线性科学》（*Nonlinear Science and Warfare: Chaos, Complexity and the U.S.Military in the Information Age*）中指出，发源于欧洲的启蒙运动和科学革命，使文化传统和思维方式发生巨大的改变，将领和军事思想家们像科学家研究自然科学一样研究战争的形式和规律，并运用诸如压力、质量、重心等自然科学的概念来支撑其理论研究。此外，“二战”时期英国军方的运筹学小组就很好地运用系统科学理论解决了雷达在防空作战中的部署问题。再如，美国学者博伊德在阐述其 OODA 理论即“观察（Observation）—判断（Orientation）—决定（Decision）—行动（Action）”时认为：“机器不会打仗，地形不会打仗，打仗的是人，你必须进入人的内心，那里才是赢得战争的地方。”[①] 他将作战指挥的过程描述为类似于认知过程的 OODA 循环，并认为最重要的是其中第二个“O”，即判断，它取决于主体的遗传基因、文化历史传统以及经验储备，这些因素又左右着作战指挥系统中主体的观念、决策和行动方式。这里的主体观念其实就蕴含有思维方式的意义。美国前国防部部长拉姆斯菲尔德则在这个问题上走得更远一些，他认为军事变革不仅包括能够快速部署、实施陆海空全方位联合作战，以及对敌人迅速发起具有破坏性的打击的能力开发，还应当包括新的思维方式和新的作战方式。

（三）当前研究存在的不足

毫无疑问，当前关于战术变革的研究都有其自身理论价值和实践意义，也在一定程度、一定范围探讨了战术中的思维问题。但“重要的不是给予思想，而是给予思维”。总结梳理战术发展变革的经验得失，最终似乎都可以归结到思维正确与否上，而这也恰恰是当前研究中存在的不足甚至是空白。

一是对战术变革的研究偏重军事技术发展而引起的作战方式的改变。这从对战术发展的历史分期中就可以很清晰地看出。但对军事技术之外的社会发展，尤其是人的主观能动性在战术变革中的作用研究不多、着力较少。而事实上，马克思主义认为，人是战争的决定性因素，人的主观思维对战术变革的发生发展发挥着非常重要的作用，技术不过是为战术变

① FRANS P. B. OSINGA. Science, strategy and war: the strategic theory of John Bord [M]. Delft: Eburon Academic Publishers, 2005: 66, 240.

革准备了必要的物质基础，离开人的自觉，很难想象战术变革如何能够进行。

二是对战术变革的研究较少从哲学的角度切入，关于战术变革中主体行为的具体内涵及意识形态的研究探讨不多。而我们知道，哲学是科学的科学，为一切的理论研究和人类实践提供认识论、方法论的指导，战术变革如果离开哲学的指导可能会寸步难行。

三是更进一步讲，还没有将战术变革与哲学思维方式联系起来进行思考，更谈不上深入地研究揭示战术变革背后的主体思维方式的作用机理，即战术变革实现的过程中，主体的思维方式占据什么样的地位、又如何发挥作用。哲学的根本意义就在于为人们提供一种观察世间万物的视角，也就是提供一种对世界的认识和解释方式，这也是思维方式的价值和意义所在。

按照马克思辩证唯物主义的观点，实践性是思维方式的第一性，即思维方式随着人类实践活动的发展而不断地改变自己的形式。但需要引起我们注意的是，意识是思维的产物，思维方式作为观念的运动模式，直接影响并制约着战术观念、战术思想的产生、形成与发展，如果忽略这一事实，也就很容易忽略思维对于存在的能动作用，从而忽视主体对能动设计战术、自觉促进战术变革的重要价值。

三、研究思路与方法

基于上述认识，本书将研究思路确定为：透过战术发展变革的历史，从考察思维方式对战术变革的内在作用与影响入手，以战术变革中主体的思维路径、形式、方法，即思维方式的运行机理分析为逻辑主线，在唯物辩证法指导下，综合运用分析与综合、历史与逻辑、归纳与演绎、抽象和具体相结合，以及矛盾分析等方法，通过对战术发展历史上重要变革的研究，努力揭示促成和主导战术变革的思维方式。针对社会生产方式发展进步、战争形态演变，以及战术变革模式从被动型向能动型转变的现实要求，提出迫切需要进行思维创新、确立新的思维方式，以抢占战术变革的先机、引领战术变革之潮流。

具体研究顺序（如图 1.1 所示）：

1. 在界定相关概念的基础上，剖析思维方式与战术变革的内在联系，建立起本书研究的依据。

2. 通过对战术变革和思维方式发展演进的历史考察，提出战术变革思维方式发展演进的基本脉络，即人类早期朴素的整体思维、春秋中后期的谋略思维、近代欧洲的科学理性思维、“二战”时期的系统思维、毛泽东的唯物辩证思维、“二战”之后西方的探索性演绎思维，尽可能详细地分析与这些主导性思维方式大致相对应的方阵战术、诡道权谋、散兵线战术、合同突击战术、人民战争战术、作战概念创新等战术实践，揭示其存在的内在关联。

3. 分析战术变革诸因素之间的矛盾运动。运用生产力与生产关系原理，采取矛盾分析方法，指出推动战术变革的主要力量与阻滞战术变革的主要力量之间的矛盾运动是战术变革的主要矛盾运动，并结合战术变革的具体实践进一步分析战术主体思维方式与军事技术发展水平不相适应的矛盾是如何主导战术变革进程的。

4. 分析战术变革中思维方式的主要功能。通过分析思维方式是如何在战术变革认识活动中发挥选择、整合、阐释功能，在战术变革实践活动中发挥重构、评价、调控等功能，回答思维方式通过何种形式、途径作用于战术变革。

5. 概括提出战术变革的思维路径和典型模式。在分析战术变革与思维方式发展演进基本脉络、矛盾运动的基础上，概括提出战术变革的两种思维路径和两种典型模式。

6. 基于以上分析，提出战争形态信息化、智能化复合演变中建构思维方式的基本方向和主要内容。

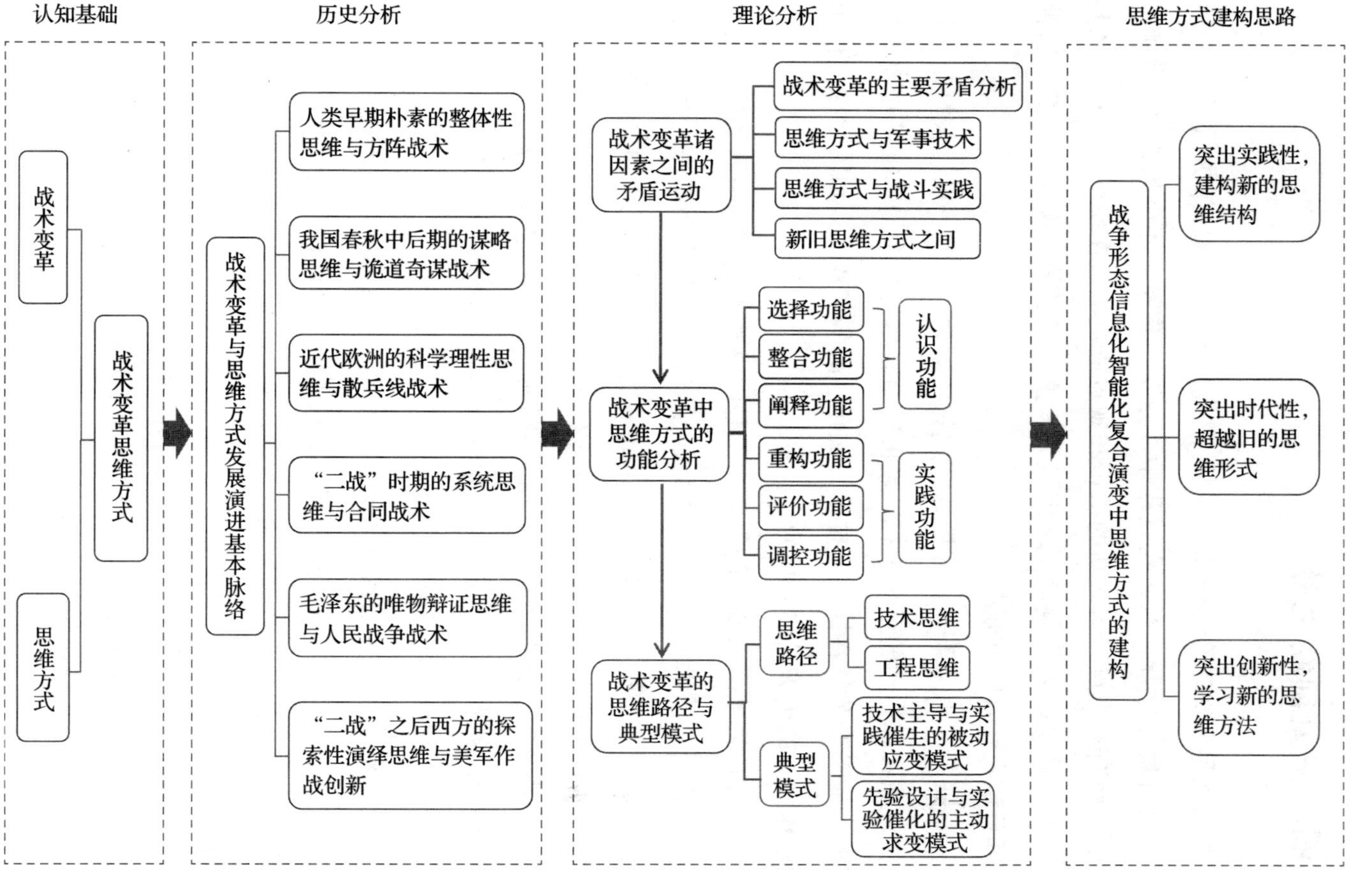

图 1.1　本书研究逻辑框架图

四、主要创新之处

本书立足于现有研究基础，主要围绕战术变革与思维方式的矛盾运动、运行机理等展开，在研究过程中注重学习借鉴，不断增进认识理解，提出了一些新的观点。这些新的认识和观点或可称为在现有研究基础之上的新思考，算是笔者对战术变革思维方式这一问题的一次大胆尝试。这种思考和尝试主要有以下五点。

一是认为战术变革不是纯粹的客观物质运动，而是一项比较复杂的社会历史现象和综合性的系统工程，新的军事技术为战术变革准备必要的物质基础，战术变革是在社会、技术、文化、战争实践等多种因素综合作用下由思维观念的突破最终实现的。

二是提出推动战术变革的主要力量与阻滞战术变革的主要力量之间的矛盾运动构成了战术变革的基本矛盾运动。运用矛盾分析法在分析战术变革与思维方式矛盾运动基础上，提出战术主体思维方式与军事技术发展水平不相适应的矛盾主导战术变革的进程。

三是提出战术变革中思维方式的运行机理，即一方面，思维方式通过选择、整合、阐释和操作完成对战术变革的认识活动；另一方面，思维方式通过重构、评价和调控以指导战术变革的实践活动。

四是提出战术变革的两种思维路径和两种典型模式。两种思维路径，即战术变革的“技术思维”路径和“工程思维”路径；两种变革模式，即军事技术主导与战争实践催生的“被动应变”模式，思维先验设计与作战实验催化的“主动求变”模式。

五是着眼战争形态信息化智能化复合演变的趋势，提出要加快变革主体思维方式，以思维方式的变革促进和推动战术变革的实现。

第1章　战术变革思维方式研究的认知基础

当前，正在深入推进的世界新军事革命引起了物质和意识两个领域广泛而深刻的变革，但这场新军事革命的灵魂是军事思维观念的根本性变革。事实上，**思维方式本质上是实践方式在观念中的内化。作战方式变革作为战术变革的核心，既是人类社会实践方式在军事领域的反映和体现，也是战术主体的思维认知不断物化、具体化的过程，即这一过程是思维方式的具体展开，是思维观念不断地进行事实判断和价值判断，并依据判断结果不断地调整和支配自身行为的过程。**因此，思维方式与战术变革之间有着天然的、内在的联系，这也正是本书的立论依据。

一、战术变革与思维方式的本质内涵

战术变革与思维方式，虽然都不是全新的概念，但将二者联系起来进行系统的思考和研究，就必须首先弄清楚什么是战术变革、什么是思维方式、什么是战术变革思维方式，以及它们的内涵应当怎么解读等基本问题。这是本书研究的逻辑起点。

（一）什么是战术变革

什么是战术变革？看上去是个很简单的问题，但如果想清晰而完整地阐明它的内涵，就离不开对战术和变革的深刻理解和准确把握。关于这一点已经有很多论著，笔者只简单地梳理并给出自己的观点。

1. 关于战术

任何一本关于战术研究的专著中可能都有国内外比较主流的观点和作者自己对战术的界定，这种界定多达几十种甚至上百种，归结起来，主要有两种观点，一种是“理论－实践”战术说，另一种是“科学－艺术”战术说。前者主要以前苏联军队为代表，认为战术理论主要是研究战斗的特点和规律，研究准备战斗、实施战斗的方法，以及研究兵团、部队（分队）的战斗能力和战斗素质；战术实践主要是利用各种手段搜集掌握情况、定下战斗决心、制订作战计划、进行战斗准备、实施战斗行动，以及战斗实施过程中的指挥、控制和保障等。[①] 后者主要以我国的卢林为代表，但更早的德国资产阶级军事科学奠基人比洛也曾做过相似的解释，比洛认为，军事学术和战术既是科学同时又是艺术。卢林在梳理前人研究基础上，提出了“科学的战术”和“艺术的战术”二分法，认为从历史或科学的角度来说，战术终将取决于当时的武器装备；而从艺术角度来说，战术更多是取决于主体的主观能动性。

笔者认为，战斗作为一种实践活动，必然有一定的规律可循，这种内在的规律、一般的战斗方法即战术科学，而对战斗规律和战斗方法的创造性运用即战术艺术。正如前文所述，战术从本质上说是对战斗的能动设计，这种能动设计本身就包含“艺术创造”的成分在里面。当然，这种艺术创造不能脱离战斗客观实践。**战术变幻无穷，以致胜为宗，它是军事技术与社会政治、科学与艺术、抽象与具体、规律性与创造性的统一，这种规律性的探求和创造性的张扬巧妙地融合在一起，使战术在人类战争舞台上演绎出了一幕幕精彩活剧，实现了自身的一次次飞跃和变革。**

本书所论及的战术，正是科学与艺术、规律性和创造性的统一。

---

① 苏联军事百科全书（中译本）：第1卷［M］. 北京：战士出版社，1982：649.

2. 关于变革

变革，语出《礼记·大传》："立权度量，考文章，改正朔，易服色，殊徽号，异器械，别衣服，此其所得与民变革者也。"意思是说，统一度量衡，考订国家礼法，修改历法，改变车马祭牲的颜色，设置不同的徽号，使用不同的器械，改变服饰，这些事情都是可以随着时代发展与百姓一起改变的。《现代汉语词典》（第 7 版）认为，变革是"改变事物的本质"，通常指重大的或者本质的改变，如技术变革、社会变革等。一般认为，"变革"改变的程度虽不及"革命"，但变革同样具有革命的属性，而且通常是指变得更好。从变革一词使用的习惯和语境来看，**变革是充满创造性的活动，但凡变革，无论技术变革、军事变革或社会变革，都离不开作为主体的人的能动创造性，这是事物发展变革的普遍规律。换句话说，人只有自觉地参与变革的进程，才能促成变革并进而使变革朝着人们所期待的方向发展，这种"自觉"[①] 往往是影响和制约变革的至关重要的因素。相反，如果只是被动地"卷入"变革，其结果只能是被变革的大潮裹挟着前进，甚至被变革大潮所吞噬。**

3. 关于战术变革

综合以上对战术和变革的认识与理解，笔者认为，**战术变革是基本战斗方法所发生的重大或本质性的改变，是战斗形态产生质的飞跃与变化，是技术与思维、过程与结果、量变与质变的统一。其本质是对旧的战斗方法和战斗形态进行重大改造，或者用新的战斗方法和战斗形态取代旧的战斗方法和战斗形态。**战术变革是一个过程，不可能一蹴而就，这个过程可

① 自觉，通常意义上理解为"自己有所认识之后主动去做某事"。源自佛教中的"觉悟"。佛，在汉文化语境中，即觉也。觉什么呢？即通过修行大乘菩萨道，自利、利他，达到功德资粮圆满、智慧资粮圆满，从而最终"觉悟心性的自体"。所以，自觉、觉他、觉行圆满，即可成佛。作为一个哲学名词，自觉是人的基本人格，即内在自我发现之后的外在创新，是主体在与外在物质世界矛盾过程中的解放自我意识、发展自我本体。

能很漫长，也可能很短暂，而且越来越呈现出加速变革的趋势。在战术变革过程中，不可避免会遇到各种各样的矛盾和阻力。因此，**战术变革实质上是作为战术主体的人不断解决军事技术、战斗形态与思维方式三者之间矛盾的过程**。

一方面，战术变革是军事技术变革在基本战斗方法中的直接反映。关于技术与战术的关系，我们很容易想到恩格斯的经典论断。军事技术变革主要体现在科学发展意义上的技术革命，如 18 世纪的蒸汽机和机械革命、19 世纪的电力和运输革命、20 世纪的电子和信息革命，以及建立在技术革命基础之上的武器装备，如蒸汽机和机械革命带来线膛枪和滑膛炮，电力和运输革命带来的铁甲舰和坦克。① 而由技术革命引起的武器装备更新换代与战术变革之间的联系更为直接和紧密，无论是卢林的战术“八次飞跃”说，还是俄国军事分析家斯利普琴科的“五次革命”说，都能够非常明显地看出技术上的进步一旦物化为武器装备，便会强制地引起作战方式即基本战斗方法的改变甚至是变革。

另一方面，基本战斗方法重大或实质性改变的背后是主体思维方式的变革。战术变革作为基本战斗方法的重大或实质性改变，往往是外显的，**但方法的改变尤其是重大或实质性改变，人的思维和意识一定参与其中，不能设想没有人的思维意识参与其中的变革**。换句话说，战斗的方法并不会自动地从一种方法切换到另一种方法。比如，合同战术自“二战”以来一直统治着战争舞台，但随着战争形态的发展演变，联合作战成为基本的作战形式。在战斗方式从“合同”向“联合”发展的过程中，战术主体越发理性地认识到，在信息化战争形态下，哪怕是一次小规模的战斗行动，也离不开网络信息体系、离不开其他力量甚至是战略力量的支撑。如美军猎杀本·拉登的“海王星之矛”行动，就是在高层理念牵引、军事技术支持和实践强化的共同作用下，“联

① 何传启. 科技革命和战争形态演变探纲［J］. 战略研究，2015（1）：81-86.

合”就超越“合同”成为主体认识和观察战术问题的思维“框框”，并按照这一“框框”去能动地革新技术装备、改变力量编组、发展战术思想。

（二）什么是思维方式

对思维方式的理解和界定，是本书的核心概念和立论的重要基础。人之所以区别于动物，就在于人有思维。而要思维，就必然有思维的路径和方式、方法等内在的规定性。但这并不意味着人类在思维的同时就对思维的规定性有某种程度的自觉。最初的思维往往是自发的，从自发到自觉，既是实践的结果，也是提高思维效能的现实需要。

1. 思维方式的语词分析

思维，英文的表达为 thinking，其核心意旨是一种动态的主观精神活动，而不是指静态的思维活动的结果，即不是思想（Thought）、观念（Ideas）、概念（Concept）、观点（Points of view）、意见（Opinion）等思维结果的表现形式。思维不仅仅指以概念、判断、推理、归纳、演绎等逻辑思维的方法和形式展开的理性思维活动，也包含想象、直觉、灵感、顿悟等非理性的、创造性的思维活动。

方式，英文的表达为 way，其字面的意思是道路、路线、路径。事实上，这也恰恰是方式的本质所在。《现代汉语词典》（第 7 版）将“方式”解释为：“说话做事所采取的方法和形式。”可见，方式是方法和形式、路径与手段、文化与习惯的统一。

思维方式，英语语境下为 way of thinking，从字面上看，即思维的路径，是主体思维活动沿着一定的思维视角展开的路径，是思维的视角、思维的空间、思维的方向、思维所采取的方法与手段、思维的习惯与定式等多重含义的综合。

2. 思维方式的研究简史

人的认识活动和思维活动必须借助大脑的思维机能才得以进行，这是普遍和共同的认识。但大脑在认识活动展开之前处于一种什么样的状态，则随着哲学研究的深入和科学的发展正在逐步呈现在人们面前。早在2500年前，亚里士多德即通过对范畴、命题、定义、演绎方法及思维规则等的探讨，确立了理性思维的起点，从而在西方哲学史上第一次建立了思维的形式化体系——三段论。此后，英国哲学家洛克的“白板”说、英国自然科学家R. 培根的“障碍”意识，以及近代F. 培根的“假象”说和归纳法、笛卡儿的“唯理论”、康德的“先验图型论”、美国科学哲学家托马斯·库恩的“范式论”、皮亚杰的“图式论”等，都是人们对自身思维活动及其规律的自觉探究。其中，笛卡儿在《方法谈》开头就说：“我们有不同的意见，并非因为我们某些人比其他人有更多的理性，而是因为我们思考问题的方式不同以及我们对同一事物的着眼点不同。”[①] 笛卡儿虽然没有明确提出“思维方式”的概念，但已经认识到人们在认识问题上差异的根源是思维方式不同。康德提出知识是内容与形式的统一，揭示了“先验图式”的本质与功能，认为图式即思维的概念框架。德国哲学家黑格尔非常重视思维方式研究，甚至直接将哲学定义为“一种特殊的思维方式”，指出思维方式就是主体认识事物、把握客体、追求“绝对”的模式与工具；他还划分了思维方式的四种类型，即表象思维、形式思维（知性思维）、灵感思维（直觉思维）和概念思维（辩证思维），从而构成了唯物辩证思维方式之前最完整的理论成果。黑格尔也因此成为自亚里士多德以来，对思维形式、思维规定进行系统研究的第一人。

马克思和恩格斯在批判继承黑格尔对思维方式研究的基础上，以唯物史观为理论前提，开启了思维方式理论研究的新境界。马克思、恩格斯认

---

① H. P. 里克曼. 理性的探险［M］. 姚休，等译. 北京：商务印书馆，1996：65.

为，第一，人类的历史性活动是思维和思维方式赖以发生发展的基础，实践性是思维方式的第一特性；第二，思维的内容和形式随着时代变化而不断地发展变化，把握思维方式应当将注意力集中到某一历史时期人们的生产实践活动上来；第三，每一个时代都是主导性思维方式和其他思维方式并存；第四，思维方式的形成既受制于历史的发展状况，也受制于这一时代的精神状况；第五，思维方式一旦形成就会反过来影响人们的思想观念，调适人们的心理情感，制约人们的认识能力。

3. 思维方式的内涵理解

综合前人研究成果，笔者认为，**思维方式是思维活动展开之前主体头脑中既有的“先验的结构”，是认识活动中主体赖以设定、选择、分析和解决问题的思维框架、思维形式与思维方法，是反映思维主体、思维对象和思维工具三者之间关系的比较稳定的思维结构**，是思维展开和运行过程中遵循的原则、程序与方法。

简单地说，**思维方式是人们认识事物、思考问题的根本方法。思维方式在逻辑上先于认识活动而存在，所以马克思称为“先验的结构”**。人们在认识过程中，总是从一定的思想和观念出发、参照旧事物来把握新事物的发生发展。而这个思维的过程，认知科学认为就是一种“解题”的过程，并将这一过程划分为四个明显的阶段：第一阶段是问题表征，即主体从任务环境中选择特定的信息，并用特定的方式来理解和表征问题；第二阶段是选择操作，也就是主体根据解题策略来选择能够改变问题状态、推动问题解决的操作方法；第三阶段是应用操作，即执行解题策略，把选择的操作方法应用到问题的当前状态，使问题状态发生改变、接近目标状态；第四阶段是状态评价，即思维主体对解题策略、操作方法、问题解决程度等进行评价。分析这一过程，可以明显地看出思维方式在其中的作用。在问题表征阶段，思维主体关于任务的知识不同，从而选择不同的信息，概括出不同的问题；在选择和应用操作阶段，思维主体的方法工具不同，或者使用相同方法的程序不同，就会采取不同的解题策略；而在状态评价阶段，思维主体有不同的价值判断标准，也就会导致不同的判断结论。

本书提及的战术变革的思维主体，是指从事战争和战斗实践活动和理论研究的军人，主要包括军事指挥员和战术研究理论工作者等。

4. 思维方式的基本类型

在不同的历史时期，具有不同文化背景、不同民族心理和不同生存环境的人，在长期的生产实践中产生了不同类型、不同层次的思维方式。目前，对思维方式的分类并没有统一的认识。如有的划分为形象思维、逻辑思维、灵感思维，有的划分为个体思维、群体思维，有的划分为科学思维与哲学思维，有的划分为创造性思维、发散性思维与收敛性思维，等等。这些不同的分类也恰恰体现出思维方式本身的复杂性。综合学界研究成果，笔者认为，可以从思维方式的层次和类型两个维度做一个简单的区分。

从思维方式的层次看，可以分为生活思维方式、科学思维方式和哲学思维方式三个层次。①生活思维方式。人们在日常生活中需要思考和解决诸如衣食住行、情感心理、人际交往等具体感性的问题，以及诸如人生意义价值、宗教信仰等比较理性的现实问题。在思考处理这些问题时，有时是经验思维，有时是形象思维，有时是知性思维，有时又跳跃到哲学思维，呈现出经验性、情感性、模糊性、习惯性、综合性等多种特性。总之，生活思维方式，是指由人们在长期生活实践中积累起来的常识，以及处理日常生活事务所遵循的原则和方法所构成的思维规则体系。②科学思维方式。在科学实践活动中，为了准确、完整地把握和揭示事物的规律、真理，人们往往会借助于分析与综合、历史与逻辑、归纳与演绎等一系列逻辑思维的方法来解析对象、探求真相，遵循提出假说、实验验证、修正形成原理、形成理论的思维活动顺序。总体上说，科学思维方式属于实证思维的范畴。③哲学思维方式。与生活思维方式和科学思维方式不同，哲学思维的对象不是某一个具体的事物，而直接指向思维与存在的关系这一哲学的根本命题，思维所要达到的目标是揭示社会发展和自然界的一般规律。哲学思维方式，是建立在社会实践和自然科学基础之上，从总体上把握客观世界，建构新的世界图景，形成世界观、宇宙观，给人类认识世界、改造世界提供世界观和方法论。

从思维方式的类型看，从不同的角度又可以分为不同的思维方式。根据思维结构的不同，可以分为直观类、想象类和逻辑类三类思维方式。① 根据思维的原则和方法，可以分为朴素的整体性思维、形而上学思维和唯物辩证思维。根据思维的目的和指向，可以将思维方式分为求真的思维方式、求善的思维方式和求美的思维方式。② 根据思维活动中理性与非理性因素发挥作用不同，可以分为理性思维、非理性思维与宗教思维。

当然，这种类型的划分，也是一种粗线条的分类，其间不可避免有交叉和重叠的地方，比如朴素的整体性思维中有直观的、辩证的、整体性等思维，而形而上学思维方式也并不排除归纳、演绎、推理等逻辑思维。这是由思维方式本身的特点所决定的。之所以做出这样的划分，是为了使我们更加清楚地认识到思维方式不是单一的，而是复杂的、综合的；更进一步拓展我们的思维视野，减少思维盲点和误区，避免思维的单一化倾向；更进一步了解各种思维方式之间的复杂关系，了解不同思维方式在战术发展变革不同阶段所发挥的不同作用。

5. 思维方式的基本特征

时代性。思维方式产生于特定的历史条件，受制于当时的社会历史条件和社会发展状况。正如恩格斯所说："每一个时代的理论思维，包括

---

① 陈新夏，郑维川，张保生. 思维学引论［M］. 长沙：湖南人民出版社，1988.

② 杨楹. 精神的脉络：思维方式的历史研究［M］. 福州：福建人民出版社，2001.

我们时代的理论思维，都是一种历史的产物，它在不同的时代具有完全不同的形式，同时具有完全不同的内容。因此，关于思维的科学，和其他任何科学一样，是一种历史的科学，关于人的思维的历史的科学。”① 思维方式作为观念的、第二性的东西，其发生发展的基础是人类的历史性的实践活动，每个时代不同，这个时代的生产和生活方式不同，就决定了作为生产生活方式在观念上反映出来的思维结构、思维形式和思维方法不同。因此，只有那些能够真正反映时代特征和时代精神的思维方式才能够成为那个时代占据主导性地位的思维方式。因此，**思维方式从本质上说是一种时代精神。思维方式是随着历史发展而发展的，它的内容和形式在不同历史阶段具有不同的特点。**

综合性。在一个社会，除了占主导性的思维方式之外，总是广泛地存在着其他思维方式。这些思维方式虽然没有占据主导地位，但同样在发挥着或多或少的作用。其实，人们在思考问题的时候，并不完全是单独运用某一种思维方式，往往是逻辑思维与非逻辑思维、形象思维与抽象思维、科学思维与哲学思维等多种思维方式综合运用，这些思维方式共同作用，主体才得以认识和把握事物，做出自己的判断。所以，提倡某种思维方式，并不意味着完全否定另一种思维方式。

稳定性。思维方式随着历史的发展而不断地改变自身的形式。但是，思维方式作为一种观念形态的东西，作为人类文化的硬核，并不总是随着社会发展亦步亦趋，而往往表现出一定的独立性和相对的稳定性。如，中华人民共和国成立时，已经建立了崭新的政治体制，但人们的思维方式并没有随即转变，封建社会的旧思想、旧观念仍然在很长一段时期支配着人们思考和认识问题；同样的情况也发生在计划经济向社会主义市场经济体制转轨的过程中。在战术发展史上，这样的情况也多次发生。这种稳定性往往表现为思维惯性，即“心理固着效应”。之所以会出现这种惯性，主

---

① 马克思恩格斯选集：第 4 卷［M］. 北京：人民出版社，1995：284.

要是因为社会历史和人类实践的发展，对思维方式产生影响要经过主体心理、情感、文化等层面的检验、筛选、认同、内化、自觉等不同阶段。

潜在性。人类的思维和认识活动必须借助于一定的模式、方式才能进行。但这种模式、方式并不是显性的，常常不被人们所见，人们看得见的往往只是认识和思考之后得出的结论。事实上，**思维方式突出的是“怎样思考”的问题，而关于怎样思考，则是人类有意识地反思和检讨自身如何认识世界之后的产物**。但在日常生产生活实践中，一般情况下人们并不需要特意关注和研究自己是如何思考、如何认识的，似乎认识和思考问题是自然而然的事情。

群体性。思维方式是主体的思维方式。这里的主体有狭义与广义之分，狭义上是指一个个具体的具有认识和实践能力的人，所以思维方式具有个体化的特性，如在战术变革历史上发挥出重要甚至是主导性作用的军事将领或军事理论家——前者如古德里安、图哈切夫斯基，后者如富勒——他们往往具有异于同时代人的认识和思考问题的思维方式。广义上的主体是指具有共同的文化背景、历史传统、民族语言、宗教信仰、地理环境、风俗习惯等的一个群体。这一群体中的一个个具体的人对相同的问题往往具有相同或相近的认知，他们的思维活动沿着相同的路径、遵循相同的规则、采取相同的方法，呈现出群体性的特征。不同群体之间的思维方式往往有着明显的差异，特别是不同民族、不同文化之间表现得更加明显，这种思维方式上的差异恰恰是不同群体之间的不同社会生活实践在观念形态上的反映。

（三）什么是战术变革思维方式

在认识和界定战术变革与思维方式的基础上，下面给出对本书研究的主题——战术变革思维方式的理解。

笔者认为，**战术变革思维方式是主体参与和促成战斗基本方法发生重大或本质性改变过程中，赖以设定、选择、分析、评价、解决战术问题的**

思维框架、思维形式与思维方法。战术变革思维方式重点研究的是促成战术变革的思维结构、思维形式与思维方法，而不是一般意义上的指挥员确定具体战斗方法时所运用的分析与归纳、推理与判断等逻辑思维方法。换一句话说，本书重在研究和揭示战术变革过程中思维的路径、形式、方法、作用机理。

笔者清楚地知道，从历史发展来看，战术变革是具体的、生动的，而思维方式是隐性的、粗线条的，特别是在战术变革发生的过程中，战术主体是如何进行思维的，这方面的文献资料多见于在战术变革过程中起重要作用的代表性人物的自传、回忆录，想要揭示促成战术变革、主导战术变革背后的主体的思维活动过程、结构、方法，是非常困难和富有挑战性的，但笔者仍然愿意做一些尝试，作为攻读博士期间的一个成果，也希冀能对战术变革研究贡献些许力量。

二、思维方式与战术变革的内在联系

思维及思维方式在战术发展变革过程中有没有发挥作用、发挥着什么样的作用，以及怎样发挥作用，是本书必须研究和回答的主要问题，也是贯穿本书始终的主题。英国哲学家怀特海曾经说过："轻率地使用'对或错'的概念是理解取得进步的主要障碍之一。"① 所以，对于战术变革与思维方式之间的内在联系，我们既不能简单地肯定了之，更不能武断地予以否定。笔者认为，**一方面，战术变革是在军事技术进步提供的物质基础之上，要么被动地改变、要么主动地变革原有思维方式而实现的；另一方面，战争实践规定着思维方式，思维方式作为观念的运动模式又反过来制约着战术的发展变革。**

① ［英］怀特海. 思维方式［M］. 刘放桐，译. 北京：商务印书馆，2006：12.

（一）战术从本质上说是对战斗的主观能动设计

马克思曾经说过："最蹩脚的建筑师从一开始就比最灵巧的蜜蜂高明的地方，是他在用蜂蜡建筑蜂房以前，已经在自己的头脑中把它建成了。"① 战争也同样如此，**在战争或者战斗发起之前，指挥员就已经在头脑中完成了战斗过程的思维建构，敌我双方指挥员都努力在头脑当中以观念的方式演绎有形战场上的信息攻防、兵力展开和火力突击，接下来的战斗不过是思维过程的实际展开（尽管实际展开的过程与思维过程并不完全吻合）**。这种建构其实就是用兵的学问和艺术，即战术——在搞透作战对手、作战环境、作战任务的基础上，下定决心、决定战法、排兵布阵。所以，从本质上说，战术是对战斗的主观能动设计。不管是德军军事理论家克劳塞维茨的"战斗中使用军队的学问"，还是瑞士裔法国军事理论家约米尼"在战场各点使用兵力的艺术"，战术都是在战斗实践基础上形成的主观认识，是客观见之于主观的产物，而这种主观认识的形成，离不开分析与综合、归纳与演绎、历史和逻辑、抽象到具体等基本的思维方法。从思维过程看，人们通过分析大量的战斗实践这一感性具体，抽象出战术概念，在此基础上，运用综合的方法把握战术的各种规定性，在思维中再现战术实践的多样性的统一，从而形成对战术的完整认识链。

（二）战争实践从根本上规定着战术变革思维方式

实践是第一性的，这是马克思主义者历来强调的唯物主义的立场。这个立场，即按照事物的本来面貌不做任何改变和附加地去理解世界、把握世界、阐释世界。恩格斯在批判杜林"原则在先"的唯心主义先验论时，曾深刻指出："原则不是研究的出发点，而是它的最终结果；这些原则不

① 马克思恩格斯全集：第 23 卷［M］. 北京：人民出版社，1972：202.

是被用于自然界和人类历史，而是从它们中抽象出来的。”[①] 研究战术变革与思维方式，也必须遵循且不能违背这个基本立场。

按照唯物主义这一基本观点，首先，战争实践是第一性的，思维方式是第二性的，有什么样的战争实践，就有什么样的思维方式，思维方式随战斗实践的发展不断发展变化。其次，战斗实践的发展是思维方式发展变革的根本动力。马克思主义者历来认为，实践是人类社会发展的根本动力，正是在大量的战斗实践中，人们对战斗规律、战斗方法的认知越来越清晰透彻，这种认知逐步固化成思维方式，并成为指导新的战斗实践的观念模式。但随着战斗实践的新发展新变化，已经固化的思维方式又逐渐落后于实践发展，这就要求思维方式或迟或早必须做出相应的改变，以适应战斗实践的发展变化。最后，战斗实践是检验思维方式正确与否的唯一标准。思维方式是否适应战斗实践，只有在战斗实践中进行检验。那些落后的、不适应战斗实践发展的思维方式，最终必然被战斗实践所变革，而那些先进的思维方式必然会引领战斗实践，并促成作战方式的变革。

（三）战术变革遵循辩证唯物主义的认识运动过程

战术变革是基本战斗方法发生本质性改变的过程。在变革过程中，人作为主体毫无疑问必然参与其中。

首先，人们通过一定技术条件下的多次战斗实践，理解和掌握贯穿具体战斗实践的内部的规律性，懂得将其上升为战略和战术，完成对战斗实践从感性认识到理性认识的飞跃。在这一过程中，离不开概念、判断、推理等逻辑思维方法的运用，更离不开将感性材料联系起来进行去伪存真、去粗取精、由表及里、由此及彼的思考和改造，即必须经过主体思维和思维方式的选择、整合、评价、重构等活动，从而把握战斗内部的规律性，

---

① 马克思恩格斯选集：第 3 卷［M］. 北京：人民出版社，1973：74.

达到理性的认识。

其次，运用认识飞跃的成果即战斗规律，选择适当的战斗方法，指导和组织新的战斗实践，去完成马克思主义认识论十分重要的那一半——运用对战斗客观规律性的认识结果去能动地改造战斗实践。马克思主义实践论认为，认识的能动作用，不但表现在从感性认识到理性认识的能动飞跃，更重要的是表现在从理性认识再回到实践的这个飞跃。在从认识再回到实践的这个过程中，人们基于以往战争和战斗经验而形成的理性认识的结果——战斗的规律和战斗的基本方法，如果能够指导新的战斗实践达成预期的胜利，或者大体上能够指导战斗实践，那就基本上完成对这一阶段战斗实践的认识运动。然而，军事技术在进步、战斗实践在发展，特别是当军事技术取得较大进步时，如果战术主体的思想落后于军事技术的进步和战斗实践的发展，没有认识到新的军事技术给战斗实践带来的客观变化——这种情况是经常出现的——也就是说，主体仍然沿着原来的思维路径，运用头脑中业已形成的战斗规律和战斗基本方法，去指导已经变化了的客观战斗实践，毫无疑问，必然会在战斗实践中遭到失败，也就是以战斗的失败完成了认识真理性的实践检验。此时，也算完成了这一阶段内对战斗的认识运动。

到这个阶段，战术变革完成了吗？没有。人的认识运动完成了吗？也没有。任何事物内部的矛盾和斗争，都在不断地向前推移、向前发展，人的认识也应当跟着推移和发展。然而因为人的认识往往受制于社会条件的限制，所以思想落后于实际的事情是经常有的。有的时候，可能要失败多次才能纠正原来正确，但现在已经错误的认识，形成关于战斗实践的新的理论认识，最终达成主观思维与客观战斗实践规律性的一致。这种关于战斗实践的新的理论认识，在经过多次实践检验证明了其真理性之后，就会在人们的头脑中逐步固化下来，成为人们认识和思考此后战术问题的思维框架、思维路径和思维方法。

（四）思维方式作为思想观念的运动模式影响着战术的发展变革

在战术变革的认识运动过程中，经过实践多次检验被证明正确的东西，逐渐固化下来成为人们认识和思考此后战术问题的思维方式。**思维方式一旦固化，它作为思想观念的运动模式，又会反过来制约着战术的发展变革。这是符合马克思主义关于思维对存在、意识对物质具有反作用的论断的**。在这里，我们需要进一步研究思维方式与思想观念二者之间的关系，这是揭示思维方式在人们突破战术思维观念、完成战术变革过程中如何发挥作用的重要理论基础。

黑格尔认为，唯有思维才能把握事物的本质，也唯有思维才能把握世界的普遍力量和终极目的。但是，作为人脑的机能，思维要完成这一任务，必须借助于一定的方法，采取相应的思维方式。只有正确的思维方法才能规范思想观念，指导人们去把握事物的本质，并始终保持正确的方向。黑格尔还认为，对于思维方式的更进一步的认识，是正确把握哲学问题第一等重要的条件。黑格尔作为辩证法的集大成者，其哲学虽然建立在唯心主义基础上，但他对思维方式的认识无疑准确地揭示了思维方式和思想观念之间的关系。对此，恩格斯给予了充分的肯定，指出自亚里士多德以来，只有黑格尔对思维方式进行过比较系统的研究；恩格斯还认为要思维就得有思维的规定，非常值得而且很有必要加强对思维形式和思维规定的研究。

那么，观念是什么呢？观念是人们头脑中业已形成的、比较稳定的甚至是固化下来的思想和看法。我们一般认为，观念决定思维，思维决定方法。但事实上，思想观念的形成也需要沿着“一定的思维轨道”即思维方式进行。到底是先有观念还是先有思维？可能是一个“鸡生蛋”还是“蛋生鸡”的问题，在从古猿到智人演化的过程中，既有人脑本身的生理演变，也有在实践过程中建立起来的观念、认知又反过来促进人脑生理演变的因素。在战术认识与实践活动中，人们往往是在对以往战争的认识基础上，对战斗实践进行分析与综合、推理与判断、抽象与具体等思维活动。但另外一方面，思维方式作为观念的运动模式，又会反过来强烈地作用于观念体系的形成。思维方式的这种反作用力，集中地表现在影响人们的各种思想和观念，调控人们的心理和情感，制约主体的认识能力和水平，从而最终影响实践活动的格局。

这种作用主要表现在以下几个方面：一是规范。在思维方式作用下，人们的思想观念只能按照既定的规则来运动，如"集中"这一战术原则，从最初的集中兵力到集中火力，再到集中兵力兵器和信息优势，都始终是按照"集中"这一规则在运动发展。二是指向。人们总是运用已有的观念、循着比较熟悉的思维路径和方法前进，这也就是心理学家所说的"心理固着效应"，人们通常称为思维惯性或思维定式。这一点，在"二战"之前德国陆军总司令部的作战企图中可以看得非常清楚，这一方案基本上是1914年施利芬计划的翻版，以至于使德国军事家曼施坦因"感到羞耻至极"，认为居然无能到提不出任何一个新的方案，只能重复一个陈旧的方案。三是稳定。那些经常发挥作用的观念和经常使用的思维方法，逐步固化下来成为思维方式和观念体系的"硬核"。四是选择。人们对待新生事物或外来东西，总习惯运用头脑中已有的观念体系进行评价并决定取舍，那些可以容纳并能够作为它有机部分的思想和观念，就被接受、被同构，而那些与主体既有思维方式格格不入的思想和观念，则被拒斥、被抛弃。正如坦克刚刚问世时，人们接受它、运用它，但仅仅是按照步兵战术的原则和要求将坦克"嵌入"、分散配属给步兵使用，而将集中编组使用坦克的设想拒之一边。

（五）战术变革基于思维观念的突破

恩格斯在做出"技术决定战术"论断的同时，不仅从来没有否定、相反总是十分肯定人的主观能动性对作战方式发展变革的重要作用。事实上，**军事技术的发展进步并不能“自动地”改变作战方式，它只是为作战方式改变准备决定性的物质基础。战术发展过程中的每一次重大变革，无不是对原有思维方式的大胆、实质性的突破。也就是说，真正踹出“临门一脚”、完成战术变革的，往往是由作为主体的人来实现的**。在这一过程中，战术主体的思维观念与思维方式发挥着重要的先导作用，甚至可以夸张地说，**思维方式是打开变革之门的密钥**。

赵武灵王在与少数民族的交锋中真切地认识到骑兵对步兵的绝对优势，他顶着“易古之道、逆人之心”的巨大压力，突破了原有的以步兵为主的思维定式，坚决易胡服、改兵制、习骑射，是为“胡服骑射”。战术专家们普遍认为，这次改革完成了从步兵战术到骑兵战术的重大飞跃。但是，“马”这一骑兵战术的决定性装备并不是突然才出现在战场上，它的存在只是为骑兵战术提供了技术上实现的可能。

被恩格斯深入剖析过的步兵战术及其物质基础中，无论是美国独立战争中的英国雇佣军队指挥官，抑或是普法战争中最初几次会战的普军指挥官，也都“没有比兵士们表现得更聪明”，而仍然停留在原来阵式战术的思维“框框”里，固执地坚守原有的战斗队形和作战方式。同样地，作为引起作战方式改变的主导性武器技术——火枪、后装线膛枪也已经出现在战场上多时。

“二战”初期闪击波兰、横扫法国的“闪击战术”所依靠的主要技术装备——坦克，早在1915年就已经发明并用于战场，并在康布雷战役中得到成功运用。但在“一战”中就依靠坦克成功突破由堑壕、铁丝网和机枪所构成的敌方绵亘防御阵地的英法军队指挥官，并没有充分认识到坦克对战术变革可能产生的决定性影响，在“二战”来临时依然以“一战”胜利者的思维方式，企图把战线固定在马奇诺防线，在导致战争失利的同时，也成全了敢于突破传统思维、大胆采用新的作战方式的古德里安“闪击英雄”的美名。而古德里安之所以能够做到这一点，主要是因为他继承了普鲁士参谋部创立人老毛奇的精髓，能够始终以充满活力的头脑、超前的思维和敏锐的眼光，先于其他人捕捉到当时世界最新军事技术可能给战争领域和作战方式带来革命性变化的蛛丝马迹，并做出准确的预测，同时能够结合德军当时的实际，对过时的作战原则进行大胆的革新，不畏惧保守势力的冷嘲热讽和极力压制，目标坚定地贯彻执行下去。

这也从另一个方面揭示了战术变革的原因，这就是“思想，新的颇为激进的思想”。如果不突破上次战争中得到的来之不易的经验和由此形成的思维定式，就不可能达成战术变革。即便每一个指挥员都知道下一次战争不可能是上一次战争的简单复制，但知道和自觉改变之间仍然有一条鸿沟需要跨越。可见，更新思想观念对于战术变革的成败往往发挥着至关重要的作用。

本章结论

从上述分析和战术发展的历史来看，军事技术的确有其决定性的一面，但是，这种决定性作用的最终实现，离不开人们的认识运动和思维创造。战争是最少保守的领域，保守不保守，讲的主要是思维观念的问题。然而，在战术变革的问题上，既有敢于领创新风气之先的赵武灵王，也有挟胜利余威固守旧有思维定式不肯改变而举国沦陷的法兰西。可见，再先进的军事技术，也只是为作战方式变革准备好相应的物质基础。而**对军事技术的创造性运用，才是推动战术变革的关键。这种创造性的运用，首先必须突破原有思维方式的束缚和限制，把自己从原有的思维定式和战术体系中解放出来，真正把思维转变到与技术发展进步相一致的轨道上来，即使主观和客观一致起来**。只有这样，才能更好地参与到战术变革中来，更好地推动战术变革的实现。

第2章 战术变革与思维方式发展演进的基本脉络

马克思主义认为，看问题不能从抽象的定义出发，而是要从客观存在的事实出发，从实事求是地分析具体事实中找出行动的方针、政策、办法。我们研究讨论战术变革与思维方式的关系，既不应受制于“技术决定论”，也不应局限于“单纯军事论”，而应当从战术变革与思维方式发展演进的生动的、具体的实践中去把握。但是，研究战术变革与思维方式之间的发展互动是十分困难的，这主要是因为不同国家或民族、不同历史时期、不同文化之间，思维方式有很大的差别，即使在同一国家、同一时期，不同军事人物之间的思维方式和思维特点也呈现出非常复杂的个性。同时，历史上多数的军事将领很少留下关于行军作战背后的思考过程，我们只能从他们的只言片语或者当时的战斗实践场景中去推测他们思维的框架、路径、形式与方法。

因此，本章首先以时间为序，以人类战术发展史上若干重要变革为中心，尽可能比较详细地考察战术变革与变革发生时代，以及变革过程中人们的思维方式之间的互动。其中，战术变革按照方阵战术、诡道奇谋战术、散兵线战术、合同战术、人民战争战术和美军作战方式创新的顺序展开，详细地考察和探究战术变革背后的思维方式及思维机理。另外，在每一种思维方式与战术变革发展互动的后面，都附一个战例及简评，进一步说明在组织实施这一战斗时指挥员简要的思维活动，以佐证思维方式和战术变革之间的双绞互动。

一、人类早期朴素的整体性思维与方阵战术

人类先祖在与自然界斗争和各氏族部落之间的相互冲突中，不断地摸索制造武器、相互协作的方法和技术，经过漫长的探索和发展，以“苏美尔阵”为标志，最终形成了方阵战术。从此，战斗不再是无序的混战，而是正式加入了人类的“主观设计”，从而实现了人类历史上战术的第一次飞跃。

（一）人类早期的朴素的整体性思维

人类的历史从哪里开始，思维的进程也就从哪里开始。人类的祖先从站起来直立行走，就已经开始思考，从而演化出了庞大且高度复杂的思维器官——大脑。约在距今 7 万年到 3 万年之间，原始人群中出现了新的思维和沟通方式，也就是今天所谓的认知革命。普遍认为，认知革命是人类从生物学中分离出来、独立存在的历史起点。从认知革命开始，人类就不断地探索自然、认识自己，然而受制于极低的生产力水平和认识能力，无论是古希腊对人与自然关系的求索、古印度对人与神之间关系的探究，还是古代中国对天人关系的思考，人们的思维都带有明显的直观性、朴素的整体性特征，这也成为这一时期人类的主导思维方式。

在人类的早期阶段，人类祖先的认识能力远没有现在这么强大，只能在狩猎、采集以及与大自然不断斗争的实践过程中，通过感官来认识周围事物、感知复杂的外部世界，储存和处理特定类型的信息。比如，了解各种植物的生长模式、动物的生活习性，观察日月星辰的运行特点、四季的交替规律；再如，某种形状、颜色、大小的果实可以填饱肚皮，而某些果实吃起来味道并不那么舒服，天空出现闪电和雷鸣之后可能要马上下雨，虽然他们还并没有用闪电和雷鸣来进行命名。这一时期的思维是直观的、

肤浅的，可能处于“所见即所得”的水平。

（二）从原始狩猎“战术”到苏美尔方阵的发展演进

军事科学院金玉国研究员在考察几千年来世界范围内战术发展的基础上指出，人类战术是从原始人群的狩猎“战术”发展而来，是将狩猎“战术”从动物移植于人类自身的结果，二者在本质上没有区别，都是交战活动，区别仅在于交战的对象不同，一个是人与兽之间，一个是人与人之间。他在《世界战术史》中还推测了非洲直立人狩猎时相互搭配与队形编排的三种可能：①前后两线配置，即拿石块与持流星索的搭配，从远距离上攻击猎物；持木棒与砍砸石器的搭配成组，从近距离上攻击猎物。②持流星索与砍砸器的直立人编组，以流星索绊倒猎物，而后以砍砸器击毙；或者持木棒的与持石块的编为一组，先以石块远掷，后以木棒击毙，这种队形也是两线配置。③前中后三线配置，即持流星索的从远距离上绊倒猎物，持石块的从稍近距离上投掷，而后持砍砸器与木棒的混合编组在零距离上击毙猎物。

在公元前 9500 年至公元前 8500 年，人类开始从采集向农业转变，从而开启了一场人类生活方式的革命——农业革命。这一时期人类驯化了植物和动物，学会了制作石制工具，从居无定所的漂泊生活开始定居下来，并逐渐形成了以血缘关系为纽带的氏族部落。距今大约 9300 年，非洲的母系氏族达到了鼎盛时期，部落与部落之间可能因为领土、食物等开始出现摩擦乃至争斗。当邻近的两个部落发生冲突时，从事采集、狩猎或其他生产活动的部落成员就赶紧拿起各自的劳动工具，在部落首领的率领下来到冲突地点并加入争斗，冲突结束后又返回到各自的生产活动中去。因此，劳动工具既是用于生产的工具，也是用于斗争的武器。这些事件的真实性已经被遍布非洲各地的新石器时代的岩壁画所证明。从这些岩壁画所描绘的战斗场景和生产工具水平推断，当时的战斗方法主要是从远处投射、在近处拼杀，双方在远距离上即投入交战，首先是发射弓箭，进入标枪射程后再投掷标枪，最后通过长矛的面对面格杀来决定胜负。此外，西班牙拉文特岩画《舞蹈的战士》《争战》《败逃》等生动地再现了欧洲氏族部落之间的野战方法。这些事实雄辩地表明，人类在解决人与人之间的战斗时，无疑遗传了在此之前漫长时间内狩猎的经验和做法。而同一时期的亚洲，甚至出现了村落的攻守，如，中国半坡遗址和姜寨遗址考古发现的村落周围的壕沟，以及距今约 9000 年的巴勒斯坦的耶利哥居民村遗址，考古发现这一村落占地面积达 4 公顷，四周用石墙围起来作为防御设施，同时还建有高达 8.5 米的瞭望塔，这显然与村落长期攻守有着密不可分的关系。

随着部落之间冲突越来越频繁、规模越来越大，最初杂乱无章的兵群混战，或者以简单兵力区分组织的拼杀格斗，已经越来越难以适应斗争实践的发展。“城墙挡住了车骑，于是防御变成了较强的战争形式，城里人的文明不久即胜过了游牧民族。城墙不仅保护了文明的生长，而且强迫战争的兵器和狩猎耕种的工具不能不分离。”① 战争实践的需求，加上青铜冶炼技术的发展，使兵器从生产工具中分离出来，而武器与生产工具的分离又催生了专业的军事组织形式，即城市公民所用的“方阵”。公元前 2900 年左右，两河流域苏美尔城邦的国王在率领军队作战时，创造出了“苏美尔阵”。出土于伊拉克拉伽什苏美尔城邦遗址的纪念碑碎片显示，苏美尔方阵由一排排的战士组成，每排 8 人、纵深为 6 人，每个士兵头戴皮盔，手持长矛和盾牌（如图 2.1 所示）。

苏美尔阵是目前世界军事界所公认的最早的阵。此后，于公元前 21 世纪左右古埃及阵产生，再后，公元前 17—公元前 11 世纪古中国阵诞生。② 根据流传下来的神话传说，古中国阵的产生可能更早。相传伏羲夜观星宿作十二卦，进而演变成排兵布阵的师法之约。在黄帝大败蚩尤的涿

① ［英］J. F. C. 富勒. 西洋世界军事史：第 1 卷［M］. 钮先钟，译. 桂林：广西师范大学出版社，2004：2.

② 江林. 战术简史［M］. 北京：解放军出版社，2016：9–10.

图 2.1 公元前 30 世纪伊拉克拉伽什建筑饰板残片上的图案

鹿之战中，“黄帝设五旗，五麾，六纛，而制其陈，熊罴勇锐之士，以为前行，雕曷行列，以为左右，并建钜鼓，以为号令，是为战阵之始”①。公元前 2197 年，夏启伐有扈的甘之战，是学术界公认的目前有文字记载的中国最早的阵。在东西方文明尚未沟通的时候，阵在不同地区先后产生，也充分说明了阵的产生有其历史必然性。

（三）合多为一：苏美尔方阵的思维机理

距今约 7 万到 3 万年之间的某个时期，智人突然能够以完全新式的语言、前所未有的方式来进行沟通和思考，从而开启了认知革命的大幕。语言成为表达思维的工具，从而使智人在沟通情感、传递信息方面变得既快捷又方便，也使智人拥有了丰富的想象能力，能够虚构出某些并不存在的故事，并通过这些故事以集结大批人群、共同协作去完成某项任务。比如狩猎，人类先祖可能经历了无数次的失败，也一定付出了很多生命的代价，终于认识到单个个体很难猎杀猎物，而必须群体一起狩猎，才能形成远大于个体的力量；群体狩猎时，一窝蜂地攻击可能会事倍功半，而只有

① 金典戎. 历代战略战术的演变（翻印本）[M].〔出版地不详〕[出版者不详]，1941（民国三十年十一月一日）：10.

采取某种协作的方式才能更好地猎杀猎物，而语言毫无疑问是协作过程中最简单、最直接、最有效的工具。考古学家在发掘出来的多处遗址中，发现了大量的兽群，甚至在一些遗址还发现了障碍物和栅栏，考古学家分析认为，这些兽群是几十个甚至更多智人通过分工合作的方法将兽群驱赶到预先选择或设计的“战场”，而后一网打尽、集体屠杀。这已经带有明显的战术雏形，只不过对手是动物而不是人。但是很快，智人将在猎杀动物中积累起来的经验，在他们从非洲向欧洲、亚洲开疆拓土的过程中，毫不客气地用在了尼安德特人、梭罗人、丹尼索瓦人、直立人等人类的其他物种身上，战术也就越来越像战术了。

这一时期的战术，总的来说是简单的，可能只是在狩猎战术中增加了新的武器元素而已。而石墙和瞭望塔楼的出现，看上去只是战术史上一个小小的进步，但无疑是人类创造性思维的结晶。这种创造，前者可能借鉴了直立人在早期狩猎过程中翻越石头、倒地的树木等自然障碍，后者可能源于猴子、黑猩猩等攀缘动物甚至是古猿自己攀上高树时的视觉体验，这无疑是人类直觉思维在战术中的具体体现。

在阵产生之前，虽然缺少文字记载，但可以肯定的是，斗争或者战斗双方中拥有数量和体力优势的一方，最终将赢得战斗的胜利。阵的出现，拉开了人类战术乃至战争史的大幕。卢林认为，阵“标志着战术的正式形成，即由以前没有组织的战斗队形发展为有严格组织的战斗队形”①。原南京陆军指挥学院江林教授认为，阵战成为“人类历史上第一种加入了人的主观设计的战斗形式，阵战战术也因人的主观设计的加入而趋于合理”②。**这种主观上的能动设计，无疑是人类思维的产物，是人类在长期狩猎、部落冲突斗争实践中，经过长时间的观察和思考，发现将士兵按照使用的兵器，以及一定的规则和方式排列成一定的队形，相互掩护、取长补短、形成合力，通过武器的搭配、队形的编排把一个个士兵、一件件武器聚合起**

① 卢林. 战术史纲要［M］. 北京：解放军出版社，1987：27.

② 江林. 战术简史［M］. 北京：解放军出版社，2016：10.

来，达到“1+1>2”的效果，从而形成整体作战能力。这一点在我国古兵法《司马法》中也有论述：“兵不杂，则不利；长兵以卫，短兵以守。太长，则难犯；太短，则不及；太轻，则锐，锐，则易乱；太重，则钝，钝则不济。”①

当一群人排列成阵、接受某个人或少数人指挥以从事搏斗时，战争就此正式产生，否则只能算是毫无组织的乌合之众，这种人群的有组织的形式即为“队形”。人群只有组成一定的队形之后，才能从事有组织的斗争活动。这时，斗争就成为战斗，人群就转变成军队或部队，队形也由此被称为战斗序列。从此，战斗进入思维致胜的时代，战术主要围绕人与装备、人与人之间的关系展开，完成了战术发展史上的第一次变革。

■ 列阵对攻：牧野之战的战术及其思维运作

公元前1100年前后发生在我国的牧野之战，就体现出阵战的鲜明特征。“武王使师尚父与百夫致师，以大卒驰帝纣师。纣师虽众，皆无战之心，心欲武王亟入。纣师皆倒兵以战，以开武王。武王驰之，纣兵皆崩畔纣。”② 司马迁描述的战斗过程非常简单，牧野之战虽然以一个冲锋就宣告结束，但从简单的描述中我们仍然可以清楚地看到当时组织战斗的基本方法，以及当时人们进行战争和组织战斗的思维方式。

一是阵战是基本作战方式。在中国古代汉语中，“阵”通“陈”，本义都是指步卒和战车的排列。交战主要以车战的方式进行，双方首先约定一个比较空旷平坦的地方，展开队形，而后武王率先发起攻击，双方士兵主要依托战车进行交锋。在进攻之前，武王要求每前进六七步，要停下来看齐保持好队形，每击刺四五次，也要停下来看齐稳住阵脚。

二是按戎车、虎贲、甲士等进行兵力编组，强调通过人与武器编配和队形排列提升战斗能力。“乘”为战车的单位，一车为一乘，殷商时期，

---

① 司马法·天子之义第二.

② 史记·周本纪.

每乘由 1 车和 3 名甲士（分别为甲首、参乘、御者）编成，作为一个基本战斗单位，车、马、甲士相互协同，密切配合，形成整体作战能力。同时，武王把虎贲集中编组使用，充分发挥车战之后虎贲对普通步卒的冲击力和杀伤力。总之，把各部分战斗力量通过优化组合，发挥出了最大功效。

三是作“牧誓”强调师出有名。夏商时期人们头脑中普遍存在强烈的天命鬼神观念，统治阶级是“有命在天”，要想对天子用兵，必须有足够的理由。所以武王在盟津集合诸侯时作《太誓》，阵前又作“牧誓”，指出纣王唯妇人之言，“俾暴虐于百姓，以奸宄于商国”[①]，已经到了“不可以不毕伐”的地步，从而有效涣散敌方军心、鼓舞己方士气，甚至达到了“纣兵倒兵以战”的效果。

二、我国春秋中后期的谋略思维与诡道奇谋战术

阵战出现之后，战斗双方约好时间和地点，摆好阵型，阵而后战，意思就是双方交战之前必须摆好队形，战斗一旦发起，往往是一次冲击即决定胜负。公元前 770 年，周平王东迁洛邑（今河南洛阳），中国历史进入东周时期，东周又分为两段，春秋和战国。这一时期，周王室日渐衰微，诸侯国之间为争夺地盘、建立霸业，互相征战，杀伐不断，大大小小的战争不计其数，丰富的战争实践极大地促进了战术的发展变革。

（一）西周和春秋早期的礼制仁道思维

在早期文明阶段，由于认识能力的局限，人类还不能揭示电闪雷鸣、生老病死等自然现象，于是就产生了万物有灵和天命鬼神观念，认为上天主宰着自然界和人类社会的一切。统治阶级也就借助人们对鬼神的敬畏强

① 史纪·周本纪.

调代表天帝、以“天帝之子”的身份统御万民，以确立其统治地位的合法性。牧野之战中周武王“一戎衣天下大定”，这一事件强烈冲击了当时的天命观，迫使周王室开始探索以新的方式建立社会秩序、维护自身统治。

1. 礼制与仁道构成了春秋早期社会治理的基本方式

西周初年，周王室认识到要想获得稳固又长久的统治，必须获得民众的支持。基于这种认识，周公旦提出了“欲至于万年，惟王子子孙孙永保民”[①]的重要思想和“以德配天”的国家治理观，强调规范和加强人们的德性修养，并在承继殷商礼乐的基础上“制礼作乐”，《左传》记载的“先君周公制《周礼》”说的就是这件事情，从而形成了一个融政治、军事、文化、社会、伦理、习俗、仪式、典章制度在内的庞大的“法统”体系。这一体系的本质是建立一种尊卑有序、亲疏有别的等级秩序，正如《礼记·典礼上》所指出的那样：“夫礼者，所以定亲疏，决嫌疑，别异同，明是非也。”孔子后来提出“君君、臣臣、父父、子子”，强调君有君道，臣有臣义，父有父规，子有子礼，个人无论处于什么地位，都应当依正理、尽本分，都是强调运用礼制的手段加强对国家和社会的治理。同时，违背礼制要受到相应的惩罚和社会的谴责，如《论语》就记载了季孙氏违背西周礼制“八佾舞于庭”，即：使用天子才能使用的六十四个人的礼乐规模，孔子强烈批评“是可忍，孰不可忍也”，强调要维护既定的礼制。但是，严格的礼制也容易导致不同阶层之间的尖锐对立，至孔子时就提出用“仁政”思想来缓和阶级对立，挽救周王室的统治，“道千乘之国，敬事而信，节用而爱人，使民以时”[②]，强调仁政爱民，调和社会矛盾，实现社会和谐。“礼之用，和为贵。先王之道，斯为美”[③]。这一时期，礼制和仁道逐渐完成了自身的系统化、制度化建构，逐渐成为人们思考、分析和处理问题的根本方法。

---

① 尚书·梓材.
② 论语·学而篇.
③ 论语·学而篇.

2. 军礼集中反映着人们的战争观和军事思维方式

在礼制仁道思想的主导下，军事活动也受到这种思想的极大影响，并形成了一整套“军礼”，与吉礼、凶礼、宾礼、嘉礼并称为“五礼”。军礼作为礼制仁道在军事领域的延伸和具体体现，兼具祭祀与军事的双重功能，“国之大事，在祀与戎”。《司马法》《周礼》《左传》等都记载有不少军礼的相关内容，这些内容主要表现在以下几个方面：一是严格规定军队规模和兵役制度。如《周礼·夏官·司马》严格规定，“天子六军，大国三军，次国二军，小国一军”，国人当兵、野人不能当兵等。二是战争目的是征讨不义。作为一种暴力行为，胜利应当是战争的最高追求。然而，受礼制思维的制约，春秋早期战争的目的不是争利而主要是讨伐不义，“凡君不道于其民，诸侯讨而执之”[①]“伐不祀，征不享”“礼乐征伐自天子出”[②]，天子巡视四方，发现“失命、乱常、背德、逆天”等违背礼制、仁义的行为时，才会“兴甲兵以讨不义”。三是战争要遵循“爱民”的原则。在规定战争义利观的同时，还强调战争要遵循一定的原则，即“战道：不违时，不历民病，所以爱吾民也；不加丧，不因凶，所以爱夫其民也；冬夏不兴师，所以兼爱其民也”[③]。所以要“春振旅，秋治兵”，避免战争影响正常的农业生产。四是以“不加丧，不因凶”作为军事行动底线。主张军事行动要贯彻“仁”“礼”的原则，凡遇对方国君新丧等时不能采取军事行动，否则将被世人谴责。《左传》记载，襄公四年，“三月，陈成公卒。楚人将伐陈，闻丧乃止”。襄公十九年，“晋士匄侵齐，及穀，闻丧而还，礼也”。在军礼的约束下，战争显得斯文厚道、有限可控。

3. 军礼思维规定了作战方式和交战规则

在军礼思维的约束和支配下，作战双方在战场上讲究光明正大，两军

① 左传·成公十五年.

② 论语·季氏

③ 司马法·仁本第一.

对垒，打的是堂堂之阵，“以鼓战，以金止。不鼓不列。君子不战未成陈之师”。阵而后战是这一时期的基本作战方式，作战双方约定时间、地点，布好阵势方可交战。所以公元前638年泓之战，宋襄公针对目夷“未济击之”的建议说：“寡人闻君子曰：不重伤，不擒二毛，不推人于险，不迫人于阨，不鼓不成列。今楚未济而击之害义。请使楚人毕涉成阵，而后鼓士进之。”[①] 结果宋军大败，宋襄公也被乱箭射伤而亡。在作战过程中，这种思维方式要求双方遵循基本的礼仪和一定的规则，作战目的多是迫使对方屈服自己的意志，而不是“杀人盈野”“杀人盈城”。如《司马法·仁本第一》强调“见其老幼，奉归勿伤；虽遇壮者，不校勿敌；敌若伤之，医药归之”。在公元前597年的晋楚鄢陵之战中，晋军将领韩厥认为“不可以再辱国君”而放任郑伯逃走。另一将领郤至“三遇楚子（楚共王）之卒。见楚子，必下，免胄而趋风”[②]，向敌国君主竭尽恭敬之礼，而楚共王“使工尹襄问之以弓”，即战场上一方行恭敬之礼，而另一方则报之以礼物以示慰问和感谢。《国语·周语中》一针见血地点评说：“三逐楚君之卒，勇也；见其君必下而趋，礼也；能获郑伯而赦之，仁也。若是而知晋国之政，楚、越必朝。”

事实上，约略处于同一时期的欧洲和印度，同样认为战争是最高尚的艺术，要遵守一定的规则和礼仪。公元前326年，在著名的海达斯佩河战役中，印度军队坐等亚历山大率领的大军渡河、休整、布阵，一切准备就绪之后方开始对攻，结果印军大败，这与泓之战何其相似。《摩奴法典》是印度婆罗门教的最高法典，其中关于战争的规则与我国的古《司马法》基本上相同，规定车兵只能对车兵，不能伤害女人、老人、受伤和投降的人，不能攻击睡眠、无甲胄、裸体、手无寸铁、武器损坏等不在战斗状态的人，否则将受到神的诅咒和世俗的鄙视。

---

① 韩非子·外储说左上.

② 左传·成公十六年.

（二）从堂堂之阵到诡道权谋的发展演进

春秋中后期至战国时代，是一个社会大变革的时代，也是一个思想大解放、文化大繁荣的时代。人们的自我意识和功利理性精神开始觉醒，思考问题的价值尺度由顺“天命”、尊“礼制”开始转向关注自身的现实利益，战争也逐渐演变成封建诸侯实现自身某种利益的暴力工具。于是，战争终于撕下了温文尔雅的面纱，逐步确立了立足于战争本质及其客观运动规律的诡道权谋思维方式。

1. 春秋中后期“封建”文化的土崩瓦解和礼崩乐坏

武王灭纣后，将土地分封给姬姓子弟和有功之臣，让他们建立封国和军队，实行分而治之，以藩屏周，拱卫周畿，是为“封建”。然而自春秋中后期始，随着周王室日渐式微，周王室分封的各诸侯国越来越不把周天子当作一回事儿，“诸侯僭王命”“陪臣执国命”的事情越来越多，西周初年制定的礼制也逐渐丧失了权威和强制性，礼崩乐坏的趋势已经不可阻挡。井田制逐步解体，作为传统分邦建国制度基础的分封制和宗法制度遭到严重破坏，各诸侯之间相互征伐，战争频仍，周天子却无能为力，一些有权势的卿大夫在征战中势力不断壮大。如，春秋末期，中原霸主晋国国君权力日渐衰落，实权旁落韩、赵、魏、智、范、中行六家大夫。后来范家和中行家被打散，地盘被瓜分。其后赵、魏、韩又联合灭掉智伯瑶。公元前403年，韩、赵、魏打发使者要求周威烈王分封他们为诸侯，史称“三家分晋”。所以孔子说，在春秋242年间，“战伐侵攻不可胜数，而复仇者有二焉”“弑君三十六，亡国五十二”，也有人因此认为，春秋无义战。

2. 战争目的从征讨不义转向争夺霸权

功利理性对战争的影响，集中表现在战争目的上。在礼制仁道思维主导下，战争虽然也有争权夺利的目的，但明显受到礼制的制约，战争目的在于兴甲兵以讨不义，但“既诛有罪”，则“王及诸侯修正其国，举贤立明，正复厥职”[①]。进入战国之后，强调“以谋人维诸侯，以兵革服诸侯”[②]。对于诸侯的不当行为，或削之、或侵之、或残之、或灭之。战争从原来的征讨不义转变为消灭对方的工具和手段，从原来的替天行道、兴师问罪转变成为掠夺财富、扩大权力，战胜和消灭对方成为战争的直接目的。正是在这种战争背景下，战国时期军事家吴起分析了战争的起因，指出：“凡兵之所起者有五：一曰争名，二曰争利，三曰积恶，四曰内乱，五曰因饥。”[③]战争目的的变化，决定了作战方式也必然要与之相适应。只要能够达成消灭对方、实现争权夺利的目的，任何手段都可采用。特别是随着弩机的发明，“野人”[④]逐渐成为作战的主力，军礼在没有经过教化的“野人”或者“小人”面前迅速崩溃，“古之伐国，不杀黄口，不获二毛。于古为义，于今为笑”[⑤]。从春秋到战国，以尊礼重信为核心的伦理原则和道德规范土崩瓦解，人们追求功利的精神枷锁被彻底打破，至此，“七国则绝不言礼与信矣”，诸侯国之间争权夺利成为一种正当的追求。

3. 诡道权谋逐渐成为夺取作战胜利的主要手段

人的功利理性一旦觉醒，便如决堤之洪水，迅速冲垮了天命鬼神和礼制仁道对战争方式和手段的羁绊，战争终于恢复了它本原的面目，即为一定政治目的而进行的暴力对抗活动。于是，以泓之战为标志，车战时代的堂堂之阵彻底退出历史舞台，兵家的思维也从“不相诈”转变为“不厌诈”。晋楚城濮之战中，晋文公问计于狐偃，狐偃建议：“繁礼君子不厌忠

---

① 司马法·仁本第一.

② 司马法·仁本第一.

③ 吴子·图国.

④ 范文澜在《中国通史》中写道：“农夫住在田野小邑，称为野人；工商业者住在大邑，称为国人。”在夏、商、周三代，掌握“六艺”的贵族被称为“国人”或者君子，而普通的农夫和奴隶被称为“野人”或“小人”，他们是没有资格上战场的。

⑤ 淮南子.

信，战阵之间，不厌诈伪。君其诈之而已。”[①] 于是晋文公退避三舍、蒙马虎皮、曳柴伪遁、巧设伏兵、拦腰横击，终以弱势之兵战胜强敌。此后，以诡道权谋为核心的谋略思想得到了快速发展，形成了蔚为大观的军事谋略思想。特别是《孙子兵法》的问世，确立了兵者诡道的用兵主旨，提出了“兵以诈立，以利动，以分合为变”等丰富的战术思想，从而将诡道权谋的用兵之术推向了巅峰。以至于清代编撰的《四库全书 · 孙子提要》认为：“武书为百代谈兵之祖，其说多舍正而取奇，背义而依诈，三代礼信之遗至此遂荡然。”此后的战争实践又进一步检验和发展了这种思想，使之成为人们思考战争、组织实施战斗的基本思维方式。

从堂堂之阵到兵者诡道，宋襄公在东方战场以礼仪之师兵败。大约同一时代，伯罗奔尼撒战争也放弃了以斯巴达重步兵方阵光明正大地实施进攻，改为在夜暗掩护下以里应外合式的偷袭实施攻击，这也打破了主宰古希腊长达两个半世纪的以步兵方阵对垒步兵方阵，即古希腊人心中的光荣而体面的作战方式。

（三）谋略致胜：诡道奇谋的思维机理

如果说《司马法》是古圣先贤以礼制为指导而制定的军礼、作战规则，那么《孙子兵法》则是对战争规则和军礼的彻底颠覆。从《司马法》到《孙子兵法》，真正的战争从此起源，这也标志着战争思维方式从礼制仁道思维彻底转向谋略思维，战术变革无论是思维观念上还是战斗实践中都可以说已经完成。

孙武（约公元前 545 年至约公元前 470 年）明确提出了“兵者诡道”“奇正相变”“上兵伐谋”等作战指导思想，这些思想是孙子运用谋略思维研究战争、思考战争的结晶。孙子通过这种方式，不仅想要告诉人们如何打仗，也试图教会人们如何去思考战争、研究打仗。

---

① 韩非子 · 难篇.

一是兵以诈立的诡道思维。孙子强调："兵者，诡道也。故能而示之不能，用而示之不用，近而示之远，远而示之近。利而诱之，乱而取之，实而备之，强而避之，怒而挠之，卑而骄之，佚而劳之，亲而离之。攻其无备，出其不意。此兵家之胜，不可先传也。"① 孙子告诉我们，打仗就是诡诈之术，不能打堂堂之阵，就是要虚虚实实、真真假假，这是兵家制胜的秘诀，也是对遵循"军礼"打仗这一做法的彻底革命。

二是奇正相生的辩证思维。孙子师承《周易》等朴素的辩证思想，透过战争的复杂系统，提出"凡战者，以正合，以奇胜""战势不过奇正，奇正之变，不可胜穷也。奇正相生，如循环之无端，孰能穷之哉"②，奇正相生就可以变化无穷，奇正相生也成为孙子兵法的核心。这一辩证思维，使孙子超越了更早时期人们对战争活动的感性认识，"在思维中再现了战争过程中一系列矛盾的产生、展开、转化或解决，体现了丰富的辩证思维及其一系列基本原则"③，上升到了抽象的理性思维的高度，从而也使《孙子兵法》具备了永久的生命力和穿透历史的智慧。

三是上兵伐谋的全胜思维。战争日费千金、杀人盈野、破坏严重，孙子崇尚的不是铁血杀伐，而是强烈主张运用谋略取胜。"故上兵伐谋，其次伐交，其次伐兵，其下攻城。"能够运用谋略、政治外交等手段解决的就不要用兵，不到没有办法的时候不要去攻城。他还认为："百战百胜，非善之善者也；不战而屈人之兵，善之善者也。""善用兵者，屈人之兵而非战也，拔人之城而非攻也，毁人之国而非久也，必以全争于天下，故兵不顿而利可全，此谋攻之法也。"④ 孙子谋攻思想的核心在于"谋"，为将者只有善谋，才能使具体战术行动的"攻"变化万千、不战而先胜。

孙子不仅从理论方面阐述了为什么要用谋以及如何用谋，而且在战争

---

① 孙子兵法·始计篇.

② 孙子兵法·兵势篇.

③ 王向清.《孙子兵法》辩证思维研究［M］. 长沙：岳麓书社，2002：3.

④ 孙子兵法·谋攻篇.

实践中也是用谋的高手，是真正的知行合一者。从公元前 512 年到公元前 480 年，孙子南征北战 30 余年，为吴国取代晋国霸主地位立下了赫赫战功。“西破强楚，入郢，北威齐晋，显名诸侯，孙子与有力焉。”[①] 孙子用自己的实际行动积极地参与战术实践、推动战术变革，证明了谋略思维在战斗乃至战争中的关键地位。因此，北宋末年郑友贤说：“《司马法》以仁为本，孙武以诈立；《司马法》以义治之，孙武以利动；《司马法》以正，不获意则权，孙武以分合为变。”[②] 就是对从礼制到谋略的思维方式及战术变革的高度概括。

■ 奇谋诡道：马陵之战的战术及其思维运作

公元前 341 年，魏国攻打韩国，齐威王采用孙膑“深结韩之亲，而晚承魏之弊”的主张，待两方精疲力竭之时发兵救韩。庞涓率 10 万雄兵扑向齐军，于马陵一带中计而兵败。马陵之战从最初筹划到具体实施，充分反映了这一时期军事思维方式转变对战术发展变革的影响。

一是从角力转向斗智，施计用谋几乎成为贯穿中国古代战争的主线。在阵战时代，双方约定时间、地点，阵而后战，往往是战车对战车、步卒对步卒，双方拼的主要是力量。而从春秋末期开始，施计用谋逐渐占据主导地位，并成为贯穿中国古代战争的主线，甚至发展出了“三十六计”，充分反映出智力在作战中的重要地位。

二是从尊礼转向崇谋，战争撕下了温文尔雅的面具真正成为杀人的工具。从夏商时代的天命鬼神到周王室尊礼重信，在这种思维主导下，才出现了“不杀黄口、不禽二毛”的君子之战。然而，马陵之战中，孙膑先用“坐山观虎”之计让韩国消耗魏军；接下用“围魏救赵”迫使庞涓回救大梁；再用“减灶之计”迷惑和骄纵魏军；最后用“伏兵之计”羞辱庞涓迫其自杀，谋略贯穿从作战筹划到作战实施的全过程，充分体现了“以致胜

① 史记·孙子吴起列传.

② 郑友贤. 十家注孙子遗说并序.

为宗”的战术本质。

三是从车战转向步战，开启了步兵和骑兵主宰战场的时代。在车战时代，部队机动和交战主要在战车上进行，而战车必须依赖一定的道路和场地，在山地或崎岖地形上战车的机动力和突击力就会受到严重影响。所以才有公元前541年晋国与无终及群狄大原之战中魏舒“毁车以为行”的主动作为，从而创造了著名的魏舒方阵，成为车战向步战转变的开端。虽然魏舒毁车以为行在前、齐魏马陵之战在后，前后相隔200年，但在军事技术发展缓慢的古代社会，也充分地折射出从春秋末期到战国时代，战争的性质和目的已经发生了重大的改变。战术完全服务于战争需要，这种思维观念上的转变，又反过来进一步促进了战术的发展变革。

三、近代欧洲的科学理性思维与散兵线战术

欧洲自古希腊和古罗马的辉煌时代之后，进入了漫长的中世纪（约从公元500年持续到公元1500年）。19世纪的人们轻蔑地认为这一时期是“没有洗澡的一千年”。中世纪时，古代文明、哲学、政治和法律等被一扫而光，经院哲学长期占据统治地位。在军事方面，虽然随朝代更替和国家扩张，进行了沙隆会战、塔吉那会战等诸多大的战役，但在教会的永恒主宰下，一切指导都完全遵照教会的圣谕，战争作为教会权力的支柱，“是人类天性中的一部分，是原始罪恶之果，……战争只可用使战士基督化（高贵化）和限制它的时间，以来加以约束”①。在这种战争的观念下，甚至连投射兵器如弓弩都被限制使用，除了对异教徒之外。在拜占庭，“一切的指挥都是公式化的，所有的将领都完全是照着书本行动”②，其战斗方法

① ［英］J. F. C. 富勒. 西洋世界军事史：卷一［M］. 钮先钟，译. 桂林：广西师范大学出版社，2004：312.

② ［英］J. F. C. 富勒. 西洋世界军事史：卷一［M］. 钮先钟，译. 桂林：广西师范大学出版社，2004：349.

几乎是完全按照教程规定的战术进行，这种状态一直持续到欧洲从中世纪的漫长黑夜中醒来。

（一）科学理性思维方式的兴起

人类开始理性地探索自然始于公元前 6 世纪的古希腊，自此种下了科学的种子。罗马帝国（公元前 27 年—公元 1453 年）征服古希腊的时候，阿拉伯人把古希腊先哲的著作翻译过去并保存下来。而后随着阿拉伯帝国的衰落，这些著作又被重新翻译回欧洲，但直到意大利天文学家伽利略（1564—1642 年）的出现，科学才开始在欧洲复兴。科学在欧洲的复兴，既是一场科学革命，也是一场思维方式的革命。

1. F. 培根的假象说与归纳法

尽管中世纪的经院哲学严重束缚了人们的思维，但仍有一些先驱开始质疑神的意志，大胆探索从物质世界到精神世界的奥秘，在意大利自然科学家布鲁诺、达·芬奇、伽利略、牛顿等探索宇宙和自然奥秘的同时，哲学家们如 F. 培根和笛卡儿也正在努力揭示人们认识客观世界的方法。

F. 培根（1561—1626 年）认为，人们在认识事物之前，内心充斥着幻想、偏见、错误的观念和概念，即“假象”，并将其区分为种族、洞穴、剧场和市场四种假象。这些假象的存在，会误导人的思维，扰乱人的心智，影响人们正确地认识事物的本质，必须加以扭转和清除。为了清除这些假象，他强调运用实验和归纳方法，认为自然的奥秘在技术干扰之下比其自然活动时更加容易表露出来，强调“用真正的归纳来形成概念和原理，无疑是避免和清除假象的对症良药”[①]。F. 培根虽然不是自然科学家，但却“从哲学的角度研究了那个时代的科学中的切实有效的实验方法，并对整理实验数据、分析实验事实的归纳法做了系统的总结，进而把这些科学方法第一次比较系统地吸收和概括到哲学理论中去，为近代哲学开拓出

① F. 培根. 新工具［M］. 许宝騤，译. 北京：商务印书馆，1984：19.

一个新的境界”[①]。F. 培根以批判和否定假象为起点，对人的思维及思维的方式进行了研究，并提出了归纳这一新的思维方法，从而成为近代以来自觉研究思维方式方法的第一人。

2. 笛卡儿的演绎法

笛卡儿（1596—1650年）重视逻辑，主张哲学思想要从经院哲学的思想束缚中解脱出来，并高举理性的大旗，坚决与经院哲学作斗争。笛卡儿认为，“怀疑一切”是真正的科学研究的出发点，怀疑的目的是保证认识基础的绝对可靠，通过怀疑清除“成见”，对思想从它开始的地方进行严格的审查与清理，从而获得正确的思维起点。他认为，人们的认识、观点之所以存在区别，主要是因为思考问题的方式以及对待事物的着眼点不同。笛卡儿认识到，科学方法是对问题的一组特殊的回答，这些回答是：“我们怎样才能找到可靠的证据？我们怎样安排并使用它？怎样才能验证我们的结论？当我们这样做时我们是如何自信的？”[②]他提出了方法论的逻辑规则：①绝不盲从，即决不轻易地接受任何还没有明确地认识其为真的东西；②分解问题，把每一个所要考察的难题，都分解成细小的部分，一直分解到能够圆满解决的程度为止；③先易后难，从最容易、最简单的认识对象开始，而后一点一点地逐步上升到对复杂事物的认识；④再次综合，把一切情形尽可能完全列举出来，尽可能普遍地加以审视，将分解过的、简单的问题再次组装起来。[③]他还非常重视数学和演绎法在科学方法论中的重要作用，对数学方法有着深刻的理解和研究，将代数和几何成功结合起来，创立了解析几何。可以看出，笛卡儿强调理性，重视数学和演绎，认为在知识的起源上，只有依靠理性才能认识世界。笛卡儿因此成为唯理主义哲学的代表人物。

---

① 孙小礼. 科学方法论史纲［M］. 北京：北京出版社，1988：18.

② H. 里克曼. 理性的探险［M］. 姚休等，译. 北京：商务印书馆，1996：58.

③ 北京大学哲学系外国哲学教研室. 十六—十八世纪西欧各国哲学［M］. 北京：商务印书馆，1961：110.

3. 牛顿的科学范式

1687 年，艾萨克·牛顿（1643—1727 年）发表了具有划时代意义的《自然哲学的数学原理》，拉开了人类走向理性时代的大幕。在《自然哲学的数学原理》中，牛顿提出了科学研究的四条法则：①探寻自然事物的原因时，除了解释现象必不可少和那些真实确切的原因以外，不应再增加其他原因；②对于自然界中同一类别的结果，应当尽可能地将其归于同一种原因；③物体的属性，凡是那些既不能增强也不能减弱，同时又是实验所及范围内所有物体均具有的属性，就应当视为一切物体的普遍属性；④在实验哲学中，根据现象运用归纳法推导出来的命题，应当看作正确或接近于正确的，即便能够想象出与之相反的假说，但在没有找到其他现象足以修正或者出现例外之前，仍然应当看作正确的或接近于正确的。牛顿继承了 F. 培根的归纳法以及伽利略的实验方法，强调从实验或现象出发，推导出某个命题，而后运用归纳的思维方法得出普遍的结论；创建了微积分，借助并发展了笛卡儿的解析几何，从而得出天体运行的数学定律；将一切都归结于“力”，认为哲学的全部任务就是从各种运动现象中去研究自然之力，然后再运用“力”去研究和解释其他自然现象。**牛顿科学理性范式的核心思想是“一法两观”，“一法”即还原论方法，“两观”即绝对时空观和因果对应观。**

还原论的思维方式。在这一范式下，宇宙是一部大机器，世界是确定的。恩格斯就曾经这样形容牛顿的学说：“这个时代的特征是形成一个独特的总观点，其核心就是自然界绝对不变的看法。不管自然界本身是怎样产生的，只要它一旦存在，那么它在存在的时候就总是这个样子。”[①] 因此，**认识世界的自然而然的方法，就是首先将事物从普遍联系的世界中抽取出来，而后对其进行一层一层的分解，直到人们可以认识为止，然后再**

① 恩格斯. 自然辩证法［M］. 北京：人民出版社，2015：12.

逐层组装回去，以形成更高层次的、对事物的整体的认识和理解。这就是还原论的思维方式。通过这种方法，人们就可以认识和理解更为复杂的事物。

绝对时空观。既然世界是确定的，那么时间和空间就是绝对的。时间无始无终，空间无边无界，但都按照物理定律永远不停地运行下去。

因果对应观。牛顿的科学范式认为，凡事必有因，有因必有果，原因和结果是一一对应的。根据这一观点可以得知，所有的结果都是精确的，也是可以重复的、可以进行预测的。

牛顿的方法论体系将 F. 培根的归纳与笛卡儿的演绎、伽利略的实验与笛卡儿的数学很好地结合起来，从而形成了被广泛认可、接受和使用的科学思维方式，并从自然科学领域蔓延、渗透到了社会学、经济学和军事学。这一思维方式是理性的，但也是机械的，在此后的几百年间深刻地影响着人们看待世界的世界观和认识世界的方法论，成为这一时期的主导性思维方式。

（二）从方阵战术到散兵线战术的发展演进

火器进入欧洲并用于战争之后，在很长一段时间内是与冷兵器混合编组使用的，战术仍然具有“阵战”的性质。著名的帕维亚之战中，侯爵佩斯卡拉指挥火枪兵不断运动和射击，最终击败了数量占优的法兰西军队。富勒认为，帕维亚之战奠定了近代步兵战术的基础。

15—16 世纪，在军事领域西班牙人一直走在欧洲的前列。这应归结于他们建立了被称为“tercios”的、具有职业性质的军队，每个战斗单位编有 2000 ~ 3000 名步兵，其中三分之二为长矛兵，其余三分之一为火枪兵。因为有些 tercios 的荣誉指挥官是皇室王子（Infantas），因此，tercios 又被称为 infantaria，现代步兵 infantry 即由此而来。这些步兵组成 30 列纵深的长方形队形，火枪手组成方阵编在长方形的角上，野战炮兵列在他们的前面，骑兵则位于后方或两翼。在会战时，使用平行的战斗序列，骑兵冲锋发射手枪之后，旋即退回重新装药。因为这种战术的成功，欧洲各国普遍仿照西班牙建立了职业性的军队和军事制度。

1611 年，古斯塔夫二世继承瑞典王位。他在检讨当时的军队组织后认为，借鉴西班牙做法建立起来的军事制度已经落后，于是着手改组每一个兵种，建立了一整套国家经济体系和军事补给制度。他认为，最有优势的兵器还是火枪。为此，他减少了长矛兵的数量，并把长矛从 16 英尺缩短到 11 英尺，将 54 个长矛兵与 72 个火枪兵混编成一个连。与此同时，以齿轮打火机替代了原来的火柴引火机，采用纸弹壳，有效减轻火枪重量。采取六列纵深的横队进行布阵，四连编为一营，八连编为一团，两个到四个团编为一个旅，在每个单位中，左右两翼为火枪兵，中央为长矛兵。他将骑兵分为轻骑兵和龙骑兵，将十列纵深改为三列，以横队前进，通常将骑兵置于步兵的两翼，但有时也会把骑兵放在步兵横队的后面与火枪兵混编在一起。他还改进了火炮的技术性能，减轻了炮架重量，缩短了炮身，减少火炮口径的种类，将火炮区分为攻城炮、野战炮和团属炮三种类型。炮兵在古斯塔夫二世手里发挥了重要的野战攻击作用。进攻时，在炮兵火力掩护之下，首先由骑兵先发起冲锋，将敌人散兵线打乱之后，骑兵退回来让步兵攻击前进；在炮兵另一轮轰击下，骑兵再度冲击敌人的两翼，从而扰乱对方完整的正面队形。经过古斯塔夫的改革，瑞典军队具备了强大的战斗力，从而在布雷顿菲尔德会战中一举击败天主教联盟军。

在古斯塔夫二世积极推行军事改革的那个年代，燧发枪问世时间不长，刺刀还没有装上火枪。17 世纪末，随着燧发枪与刺刀结合成为欧洲各国的制式装备，火器终于占据了绝对的统治地位，长矛最终被逐出战场。为了发挥火枪的火力，人们不断减少战斗队形的纵深，先是从六列减少为四列，后来又进一步减少到三列，有些时候竟然减少到两列。于是，线式队形，也即线式战术就产生了。这样，在兵力不变的情况下，正面越宽，能同时射击的火枪数量就越多。这种战术被普鲁士国王弗里德里希二世发展到了顶峰。这种正面极宽、纵深极浅的线式横队，虽然具有便于发挥火力的优点，但其缺乏纵深，且不便于机动，极易被对手突破，而且还受制于地形。这个转动不灵的人群，如果不能作为一个整体运动，就被迫分成中央和两翼三个部分。各部分运动的目的在于，让对敌人一翼占有相对优势的那一翼向前推进，以迂回敌人，同时另一翼原地待命作为威胁和预备力量，防止敌人做相应的机动。在战斗过程中，变换整个队形往往需要很长时间，容易将很多弱点暴露给敌人，以至于变换队形的企图通常意味着自取失败。因此，会战之初摆好的战斗队形在整个会战期间通常都不会改变，步兵一旦进入战斗，胜负就由一次歼灭性的突击最终决定。在这种形势下，改变线式队形就成为必然选项，不过是时间早晚的问题。

在纵队战术出现之前，美国独立战争（1775—1783 年）期间产生了散兵群，即不讲究正规战法、利用天然遮蔽物隐蔽地打击敌人的分散的兵群。散兵群灵活性强，与线式队形相比具有天然的优势，比较适合于小规模的战斗。法国大革命（1789—1799 年）时期，为了应对联合起来的欧洲的进攻，法国把一切有战斗力的人都组织起来，但却因形势所迫而没有时间训练他们掌握线式战术。为了御敌于国境之外，除了散兵战，还必须找到另外一种方法，于是密集纵队应运而生。与横队相比，纵队更易于指挥和保持秩序，能够快速运动和适应各种地形，且每个部分相对独立。于是，从 1795 年起，散兵群和密集纵队相结合的纵队战术开始形成。最终，拿破仑将这一战术发展成熟。在这种战斗队形中，由散兵构成的散兵线位于最前列，其后是由营纵队组成的两线步兵，最后是预备队；炮兵配置在主力步兵的前方和两侧，骑兵通常置于主力的两翼和后方。

拿破仑的纵队战术虽然比线式战术先进，但其本身也存在着容易遭敌火力大面积杀伤的天然痼疾。随着步枪[①] 进入战场，人们发现拿破仑的

① 1859 年，后装线膛枪被正式命名为步枪。这种步枪发射金属定装式子弹，枪管内膛刻有螺旋式的膛线，步枪的射速、射程和命中精度都得到了很大提高。随后，在步枪的基础上发展出半自动步枪和自动步枪。

纵队战术越来越不能适应战场，但其前面的散兵线却既能发挥新式步枪的火力，也能在敌人火力威胁下作战；中间密集的步兵纵队在敌方火力威胁下自行散开形成散兵群，更加有利于保存自己和消灭敌人，于是散兵线战术正式登上了战争舞台。在进攻战斗中，接敌运动时步兵成疏开队形，到达敌方步枪火力射程之后变成散兵队形，一面利用地形快速向前跃进，一面对敌射击。在步兵到达冲击出发阵地后，炮兵以密集火力压制和消灭敌人，为步兵冲击创造条件。散兵线战术"为以后战术的发展开辟了一条使战术发展通向更高层次的通路"①。

（三）理性范式：散兵线战术的思维机理

作为理论化、系统化的世界观学说，作为时代精神的精华，"哲学理论的意义主要体现为思维方式的意义。一种哲学出现了，它作为区别于以往哲学的新世界观理论，其根本意义就在于为人们提供一种不同于其他哲学的观察世界事物的视角，即对世界的一种新的理解方式"②。**牛顿科学范式的出现，彻底打破了中世纪物质与精神合一的世界观，催生了一大批新的科学研究成果，为工业革命奠定了科学的理论根基。但更重要的是，为人们提供了思考和认识世界的思维方式。**

1. 散步线的雏形萌发于人的理性本能

1775年，美国独立战争爆发，在4月的莱克星顿和康科德战斗中，当地的民兵并没有按照雇佣兵的节奏在开阔地上采用线式战术与之战斗，而是分散成兵群，即三五个单兵成群，成疏开队形，把英国雇佣军引入森林、农场、庄园等复杂地形，利用树木、土堆等天然掩蔽物打击敌人。起义者在正规军队面前，是弱势一方，稍有常识就不会以软碰硬、以卵击石，以自己不懂不会的线式队形正面对抗敌人。因此，利用掩蔽物灵活、

① 卢林. 战术史纲要［M］. 北京：解放军出版社，1987：166.

② 张云阁. 马克思思维方式论——马克思哲学与费尔巴哈哲学关系研究［M］. 武汉：武汉大学出版社，2007：46.

分散地向敌人射击，很大程度上是起义者面对正规军队时的本能选择，正如他们打猎时面对猎物一样。但他们却无意之中找到了人与火枪的最佳结合方式和最佳队形，从而创造了一种新的战术。

法国革命中，面对训练娴熟、经验丰富的反法同盟，人数众多但缺少训练的法国兵士，以一人一枪为基础，不像他们的对手一样机械化地发射排枪。正如一位普鲁士军官所说："在森林中，士兵们都解散了行列，也不采取任何操典上的行动，仅仅是靠着树木的掩护来射击，他们不仅是可以与我们相等，而且还更优越。我们的人员是惯于在开阔地上比肩作战的，所以反而很难适应这种似乎是没有秩序的情况，而易于成为敌人的目标。"[①] 为了歼敌于国境线和巴黎之间，法军还必须找到散兵群之外的另一种队形，既要便于指挥以抵消训练较差的劣势，又要灵活机动以利用村镇和庄园等各种地形进行战斗。这种队形即纵队，并最终被拿破仑发展成熟。

1870 年 8 月 18 日，圣普里瓦战斗，普鲁士军队采取的是连纵队，但在敌人密集的弹雨下往往自行分散为散兵群，这一战也不例外，尽管指挥官认为这种行为破坏了纵队的队形而强烈反对。"但兵士又一次表现得比军官聪明；正是兵士本能地找到了在后装线膛枪火力下至今仍然有效的唯一的战斗形式，而且不管长官如何反对，还是成功地坚持了这种战斗形式。"[②]

随着火器的发展，人们越来越发现，散兵群之后的纵队越来越无法作战，在接敌的过程中，很可能被敌人的后装线膛枪和炮兵火力杀伤。于是，纵队也自行散开成散兵群，一面射击，一面以地形为依托采取各种运动姿势向前跃进，从而将火力与突击、机动有效地结合起来。于是，散兵线战术成熟了。

---

① ［英］J. F. C. 富勒. 西洋世界军事史：卷二［M］. 钮先钟，译. 桂林：广西师范大学出版社，2004：335.

② 马克思恩格斯军事文集：第 1 卷［M］. 北京：战士出版社，1981：46.

从最初的萌芽散兵群，到散兵线战术的发展成熟，除了火器技术的进步，战斗在一线的兵士的求生本能、理性常识无疑比教科书里的队形和方法更能保命。

2. 火器技术源于科学理性思维的物化

国家“百千万人才工程”入选对象、军队科技领军人才胡晓峰教授在《战争科学论：认识和理解战争的科学基础与思维方法》中指出，科学对于战争的影响主要表现在两个方面：一方面是将科学发现运用于制造武器装备；另一方面是将科学原理用于研究和解释战争的运行机理。前者直接影响战争形态和战争发展，后者潜在地提高人们认识战争和指导战争的能力。

中国是世界上最早发明火药和使用火器的国家，然而从明朝中叶开始便逐渐丧失了快速发展的势头。而在地球另一端的欧洲，火器发展和进步的速度却逐步超过了它的诞生之地。14 世纪 60 年代，火炮在欧洲首次得到应用。14 世纪末，出现了明火枪，主要用于装备步兵。但由于早期的火药质量太差，枪械的效能不高、使用不广。这一状况直到 15 世纪粒状火药的发明才得到改善。粒状火药虽然大大增加了射程，但又出现了点火麻烦、使用不方便等矛盾。之后，点火的方式从将烧红的炭或铁插进火门，到一根绳线或捻紧的布条即火绳，再到 1547 年法国人马汉发明出燧石撞击引燃火药，到 1642 年法国元帅皮塞居将刺刀装上长枪。虽然在火器的早期阶段，战场仍被长矛方阵和重骑兵所统治，但欧洲人并没有满足现状，更没有放弃效果并不理想的火枪，相反，对技术的探索和执着使他们不断地改进火器火药的技术，最终将长矛从步兵装备中彻底排挤出去。1776 年，英国人弗格森在后膛枪的基础上发明了新式来复枪，枪管内刻蚀的旋转膛线将射程从 100 码提高到了 200 码，步枪进入了膛线时代。这一年，距离牛顿发表《自然哲学的数学原理》一书 89 年，距离伽利略在比萨斜塔做自由落体实验 186 年。之所以在这里着重指出这个年份的特殊之处，一是因为来复枪在步枪发展史上占据着十分重要的地位，二是作为一种发明，其背后一定是经历了无数次失败，包括其后诺贝尔发明炸药，都饱尝失败的泪水。

1807年，苏格兰牧师福赛思在布朗哈特里发现雷酸汞的基础上，发明了雷汞。1814年又用雷汞制造出了火帽，使得弹壳在发射之后即弃之不用，从而为后膛枪提供了技术基础，随后出现了撞针式弹壳。1823年，英国的诺顿上尉设计出了一种圆锥形子弹，发射时会自动膨胀封住枪膛。这两个发明促使步兵战术发生了革命性的变化，前者使步枪能够适应任何天气，后者使来复枪成为这一时代威力最为强大的武器。1834年，德国化学家米希尔里希用苯和硝酸合成了硝基苯；1842年，俄国化学家齐宁在实验中得到了苯胺；1846年，意大利化学家索布雷罗将无水甘油加入浓硫酸和浓硝酸混合物中得到了具有爆炸特性的化合物硝化甘油。此后，诺贝尔又经过无数次实验，最终于1887年研制成功颗粒状的无烟炸药，奠定了现代军事工业的基础。在此后，H.S.马克沁于1887年发明出以火药燃气为能源、足以改变战斗攻防状态的新型速射武器——机枪。

虽然在这一时期，科学开始应用于战争，但直到19世纪中叶科学大踏步前进，人们才开始认真地运用科学知识来研究和解决战场上的问题。正如科学学奠基人贝尔纳所说，随着火药的发明和使用，在中世纪的衰落阶段，科学与战争之间就产生了一种新的重要的联系。火药是人们对盐类混合物进行一种半科学、半技术性质的研究的产物，但显而易见的是，火药对军事技术的发展产生了显著影响。**可以合理推测的是，在这一过程中，欧洲人不断将自然科学的成果运用于改进和制造火器，且其后的工业革命又为制造武器装备提供了革命性的设备。我们无法否定，那些发明和改进军事技术，以及使用火器的人一定受到了牛顿科学思维范式的影响。因为在那个时代，这一思维方式在人们的头脑中占据着统治地位。**甚至拿破仑就曾经说过：“在战争的艺术中，也正和在力学中是一样的，时间是重量与力量之间的一个重要因素。”[①]

事实上，火器的发展以及此后机械化武器装备的登场，无不是牛顿科学思维范式影响下科学技术发展并进而服务战争实践的例证。17 世纪，牛顿创立经典力学，物理学进入快速发展时代，试验成为科学研究的重要方法。在军事技术领域，人们做了大量的试验，以论证内弹道的基本理论，科学技术越来越多地用于为战争服务。特别是 18 世纪 60 年代，发端于英格兰中部地区的工业革命，使人类迈入了机器时代，大规模的工业化生产取代了个体手工生产，这为改进军事技术装备提供了坚实的支撑。富勒在谈到工业革命时不无感叹地说，世界上前所未有的最伟大革命，撒播了新制度的种子，即以煤、蒸汽和机器等为基础的新的生活方式。这其实也再次验证了一个观点——人类怎么生产，就怎么作战。

3. 战术理论发展离不开科学理性思维

我军著名的军事技术哲学专家刘戟锋将军认为，随着火药的发明和改进，战争由谋略和力量角逐进入了技术角逐的阶段。个人的勇敢敌不过机械和火药的力量，谁能使用技术先进的武器，谁就拥有战而胜之的决定性手段。**从明火枪到机枪、从火药到炸药，在西方简要的火器发展回顾中，我们可以清晰地发现，武器技术的每一次进步，无不是科学理性思维物化的产物，而这个产物，也为战术变革准备了必备的物质基础。战术变革如在母腹中躁动的胎儿，即将诞出母体**。

这一时期，除了战术实践的发展演进之外，在战术理论上也获得了空前的发展。其中最为杰出的代表当数《战争论》。书中，克劳塞维茨在区分广义和狭义军事艺术的基础上，提出“战术，是在战斗中使用军队的学问，而战略则是为了达到战争目的运用战斗的学问”[②]。为了给王太子殿下讲授军事课，他专门编写了《战术或战斗学讲授提纲》，以战斗为研究对

① ［英］J. F. C. 富勒. 西洋世界军事史：卷二［M］. 钮先钟，译. 桂林：广西师范大学出版社，2004：336.

② ［德］克劳塞维茨. 战争论：第 1 卷［M］. 军事科学院，译. 北京：商务印书馆，1982：103.

象建立了比较系统的理论体系，揭示了战斗的本质和规律，这一提纲，被认为是“战术学形成的重要标志”[①]，这也是克劳塞维茨对战术发展变革做出的重要贡献。在这部西方兵学圣典中，我们可以明显地感到，克氏深受笛卡儿、黑格尔以及牛顿等思维范式的影响。如《战争论》一开始就指出：“我们想首先研究战争的各个要素，其次研究它的各个部分或环节，最后就其内在联系研究整体，也就是先研究简单的再研究复杂的。”[②]这无疑与笛卡儿方法论中的分解问题、先易后难、再次综合的思维方式一脉相承；而他提出的“绝对战争”概念，无非是黑格尔“绝对理念”在军事科学上的翻版；“战争重心”“战争中的阻力”“顶点”等概念很明显是从牛顿力学的概念引申过来。但无论如何，都可以这样认为，《战争论》完成了战术理论上的变革，从而与散兵线战术一起构成了近代欧洲战术变革的“双绞线”。

■ 进攻受挫：东鸡冠山战斗的战术及其思维运作

1904 年 8 月 21 日夜，日军第 44 联队第 1 大队大队长吉永狂义少佐利用夜晚向驻守旅顺东鸡冠山的俄军发起攻击。为达成突然性，日军未实施炮火准备，进至前沿掩体时双方展开肉搏。俄军指挥官杜达列夫中尉指挥部队，以机枪火力为掩护，将突入日军全歼于阵前，吉永本人也为流弹击中而死。东鸡冠山战斗只是日俄战争中的一个片段，仅仅是战术发展漫长历史中的一个瞬间，但这个瞬间——我们现在可以明确地判断，当时战争的双方都没有意识到——预示着散兵线战术即将走向终结。

一是先进的散兵线战术局部上失利于落后的“刺刀”战术。战前，俄国军事思想家德拉戈米罗夫认为，刺刀是意志的象征，代表着军人最为珍贵的牺牲精神；火器是智慧的代表，意味着保守利己主义，应着重培养军人的意志，强调白刃冲锋。在这种战术思想指导下，俄军并不重视机动、

---

① 杨志远，彭燕眉. 战术学［M］. 北京：军事科学出版社，2002：27.

② ［德］克劳塞维茨. 战争论：第 1 卷［M］. 军事科学院，译. 北京：商务印书馆，1982：23.

迂回等战术手段，而强调以刺刀实施正面进攻。反观日本，深受老毛奇军事思想影响，一般避免正面进攻，强调以火力大量杀伤敌人，以密集的散兵线队形实施冲击，注重以迂回包围和翼侧攻击消灭敌人，同时也保留了白刃冲锋的传统。但东鸡冠山战斗却是战术思想总体上领先的日本在局部的一次较大失利。

二是防御正在成为有利的作战样式。进攻是夺取胜利的主要手段，也一直被军事将领和军事理论家所推崇。约米尼就认为，进攻意味着先下手为强，是一种较防御更为有利的作战形式。而与约米尼同时代的克劳塞维茨则认为，"防御这种作战形式就其本身来说比进攻这种作战形式强"[①]。其实，进攻和防御到底哪种作战形式强，并不取决于这两种作战形式本身，而取决于进攻者手中的武器和防御者面前的盾牌两者之间作战效能的对比。但东鸡冠山战斗，由线膛枪、堑壕和铁丝网构成的防御阵线挡住了步兵的冲锋，防御在这个时刻成为比进攻更强的作战形式。

怎样既能挡住机枪的子弹，又能越过铁丝网和堑壕？战争的需要迫使人们进一步从科学当中寻找破解之道，但这个问题只能留给"一战"来解决。

四、"二战"时期的系统思维与合同战术

日俄战争只是第一次世界大战的预演，东鸡冠山进攻战斗也不过是缩微版的凡尔登战役、索姆河战役。为了突破敌人的防御，英国人发明了坦克，德国人创造了"胡蒂埃尔战术"，康布雷战役也标志着以坦克、火炮、飞机协同攻击的合同战术正式形成。但合同战术真正成熟却是在"二战"时期，这一变革的完成与系统思维的提出与发展有着密不可分的联系。

---

① ［德］克劳塞维茨. 战争论：第 2 卷［M］. 军事科学院，译. 北京：商务印书馆，1982：477.

（一）系统论与系统思维的诞生

受牛顿科学范式“一法两观”的影响，20 世纪初的生物学研究陷入了机械论与活力论之争，机械论强调把生命有机体分解成部分和部分过程，而活力论又仅用灵魂之类的东西进行解释。在这种形势下，美籍奥地利生物学家贝塔朗菲（Ludwig von Bertalanffy，1901—1972 年）提出了机体论的观点，认为生物有机体是有组织的。此后，他又将机体论推广运用到“关于新陈代谢、生长和机体生物物理的各种研究中”，并认为它本质上是对常规的物理和化学、动力学和热力学的扩充，并做了更进一步的推广，将机体论上升为“一般系统论”。1937 年，贝塔朗菲在芝加哥大学的查尔斯·莫里斯哲学讲习班上首次宣讲了他的系统论思想，但他生怕被人冠以所谓的“粗野人的鼓噪”，而将之束之高阁，没有在更大范围内发表，直到“二战”后系统论才获得公认。

对于为什么会提出一般系统论，贝塔朗菲曾经明确指出，其基本出发点是科学研究对新的思维方式的需要，“生物科学、行为科学和社会科学以及现代技术都使得科学基本概念的推广势在必行；这意味着产生同传统物理学相比为新的科学思维范畴；而且为此引入的模型都是交叉学科性质的”[①]。换句话说，到了 19 世纪末 20 世纪初，牛顿创立的科学理性思维范式已经开始不能适应科学研究的需要。技术的发展和研究的深入，使得人们不再按照单个机器，而开始按照“系统”去思考和分析事物，人们被迫在一切知识领域中运用“系统”概念来处理日益复杂的问题，这意味着思维取向的转变。

正是在这种大的历史背景下，贝塔朗菲从生物学无法运用机械论来解释种种呈现出系统特征的生命有机体现象这一事实出发，先是提出机体论，而后在机体论的基础上，从现代科学走向整合的广阔背景上，顺应时

---

① ［美］贝塔朗菲. 一般系统论：基础、发展和应用［M］. 林康义，魏宏森，译. 北京：清华大学出版社，1987：94.

代的系统思潮，进一步发挥和拓展机体论，发展出作为科学方法论的一般系统论，从而改变了人们思维的方式。

与此同时，工业革命从手工作坊进入工厂和机器大生产阶段，生产要素及其之间的相互关系日趋复杂。为解决生产分工与科学管理的需求，产生以系统观为基点的系统科学，创立“以整体性为思想灵魂、以系统思维和系统方法为主体的现代科学技术哲学思想和科学技术方法论”[①]，就成为社会生产实践发展的必然要求。

（二）从散兵线战术到合同战术的发展演进

日俄战争中，仅旅顺要塞争夺战，日军就伤亡6万余人，俄军伤亡约4.4万人，在机枪火力面前，步兵必须以散开的战斗队形实施冲击，突破无疑变得越来越困难。遗憾的是，当时的人们，无论是直接参战的日俄，抑或是其他国家，都没有人注意到战术的这些变化。机枪和火炮，以及由其构成的火力壁垒并没有给当时西方各国军队的神经带来强烈刺激，他们依然在旧的战术观念中徘徊，“骑士精神”和“刺刀冲锋”仍然充满了整个脑际。1914年7月，第一次世界大战打响。为了防止敌人穿插迂回、分割包围，增强防御稳定性，原先孤立的基点式防御阵地被堑壕连接起来，从而形成了有一定纵深的线式防御阵地。机枪、堑壕与铁丝网构成的绵亘阵地，挡住了步兵的冲锋，战争陷入了僵持状态，“突破”成为进攻一方必须思考和解决的问题。

凡尔登战役后，德国的罗尔上尉提出了“基于散兵线战术的步兵、炮兵协同战术”。这一战术的核心思想是以炮兵火力为掩护，轻装突击分队（Storm Battalion）利用有利地形和对方防御战线的薄弱环节，如接合部和防御间隙，渗透进入对方防御纵深，利用电话、信号弹等为己方炮兵指示目标，以消灭敌人的指挥机构和炮兵部队，在此之前应尽量避免战斗，而

① 林东. 超越军种时代——关于军事变革的系统科学思维［M］. 北京：解放军出版社，2007：1.

后重装突击部队消灭敌军支撑点为后续步兵突击进一步打开通道。这就是著名的“胡蒂埃尔战术”，又称为渗透战术、风暴战术或者突击群战术。而之所以被称为“胡蒂埃尔战术”，是因为时任德军第 18 集团军指挥官的胡蒂埃尔将这一战术大规模地推广运用。但是，胡蒂埃尔战术毕竟无法改变战术的技术基础，也就没有办法从根本上解决“防御时代”如何进攻的问题，直到英国人发明了坦克。

为了打破战争的僵持，战场上的军事指挥员迫切需要找到一种既能防御机枪火力、又能突破铁丝网和堑壕的新式武器。于是，坦克应时而生。英国远征军的 E.D. 斯温顿中校提出，在拖拉机上安装火炮、机枪和装甲板，使其成为兼具机动、火力和防御的新式武器，英国陆军部毫无兴趣，可海军大臣丘吉尔却如获至宝。1915 年 2 月，丘吉尔组建“陆上战舰委员会”并亲自领导陆上战舰研制工作。1915 年 9 月，“小游民”坦克正式诞生，英国人将其命名为“水箱”（tank）。1916 年 9 月 15 日凌晨，坦克首次被运用于战场，即取得了显著战绩，在 10 千米的正面战场上英军步兵不到 5 个小时，就推进了 4000～5000 米，不但全面攻占德军第一、第二线阵地，还夺取了第三线阵地的部分要点。而这仅仅是 18 辆坦克三三两两单打独斗的战果。

1917 年 11 月 20 日，康布雷战役打响。英国第 3 集团军和皇家坦克部队在朱利安·宾爵士指挥下，集中 1009 门火炮、476 辆坦克及 1000 多架飞机，在 12 千米的正面战场上不经炮火准备，直接发起攻击。步兵、坦克在突破中交替掩护，互相支援，炮兵以单层和双层徐进弹幕射击的方法直接支援步兵和坦克冲击，突破后，航空兵以火力突击德军步兵群。在 10 小时内，突入德军阵地超过了 8 千米。普遍认为，康布雷战役中，现代意义上的诸军兵种合同作战的特征体现得非常明显，这次作战标志着合同战斗已基本形成。

“一战”结束后，依靠合同作战撕开突破口、打破僵局取得胜利的英法一方，似乎忘记了或者根本就没有总结他们在“一战”中取胜的战法和经验。虽然英国人富勒认识到坦克可能带来的决定性改变，并率先提出了装甲战理论，同时英军将坦克编成坦克旅、坦克军，但遗憾的是在战斗实践中英国仍然坚持将坦克配属给步兵使用，而法国人则修筑了马奇诺防线企图挡住德军的进攻。这一时期，苏联人也围绕坦克这一新生事物的作战运用进行了探索，提出了一整套的机动战术，并写入了 1929 年版《工农红军野战条令》，该条令将重点聚焦到机动上；几乎与此同时（20 世纪 30 年代中期），苏军还出版了一本专著《合同战术》[①]，这本书将目光聚焦到了战斗中坦克、步兵、炮兵等军兵种关系的协调上。此后，苏军元帅图哈切夫斯基又提出了“大纵深作战理论”。然而同样遗憾的是，苏军这些先进的战术思想和战术理念同样没有付诸实践。于是，合同战术发展成熟的历史机遇留给了德国人。1933 年，刚刚爬上总理宝座的希特勒在观看古德里安的坦克分队表演之后，兴奋地一再强调这就是他所希望的东西！于是坦克和飞机成德国优先发展的装备。“二战”初期，德国法西斯军队正是依靠坦克和飞机以迅雷不及掩耳之势闪击波兰、攻陷法国，几乎横扫欧洲，闪击战成为合同战术走向成熟的重要标志。

（三）系统整合：合同战术的思维机理

仅仅拥有新式武器并不等于就能够“百战百胜”，还必须拥有与新式武器相适应的作战方法。“二战”的事实也证明，如果没有与新的军事技术相适应的战斗方法，即使拥有占据绝对优势的新式武器装备，也不太可能充分发挥其作战效能。换句话说，**武器技术只是为战术变革提供物质基础，而战术变革的完成必然离不开战术主体对技术装备，以及使用武器的人二者之间在功能、时间、空间上的优化整合。**

1. 合同战术体系的构成要素

如前所述，虽然贝塔朗菲的系统论直到“二战”后才获得广泛的认

① 作者米尔洛夫为苏联军事著作家，1941 年由常彦卿译、刘伯承校译介绍到国内。

同，从“一战”后期到“二战”期间，人们还不太可能直接运用他的系统论基本原理来研究军事学术和战术问题。但是，“一种潜在的系统思想却是早已客观地隐藏在人们的头脑中，并自觉不自觉地被运用到军事上”①。正如《孙子兵法》全文没有出现一个“谋略”的字样，但并不影响孙子对谋略思维出神入化的运用。只要稍有常识，就不难发现，在一个军事组织体系中，如果各个单元（要素）能成倍地发挥其功能，就可以成倍地提高该组织体系的整体作战能力。事实上，在系统论诞生之前，马克思早就指出：“一个骑兵连的进攻力量或一个步兵团的抵抗力量，与单个骑兵分散展开的进攻力量的总和或单个步兵分散展开的抵抗力量的总和有本质的差别。”②之所以会出现这种本质的区别，就在于在有组织的指挥下，骑兵连或步兵团不再是一盘散沙、各自为战，而是成为一个有组织的系统。

系统是由相互联系、相互作用的若干个要素构成的有机整体。在合同战术中，以坦克兵为主的装甲兵、摩托化步兵、炮兵和战术空军这四大要素构成了一个系统，这四大要素中的装甲兵、摩托化步兵和战术空军构成了合同战术的“三大柱石”。德军的闪击战之所以大获成功，主要源于装甲兵和摩托化步兵的快速机动，以及战术空军较好地执行了战术轰炸任务。德军有效而彻底地改革了战术空军的火力支援，他们从闪击战原理出发，把轰炸机（包括俯冲轰炸机和中型轰炸机）、战斗机组合成一个战术武器系统，实施空中支援作战，从而扫清了装甲兵和摩托化步兵攻击路线上的障碍，实现了诸要素之间的相互支援和密切协同，这恐怕也是合同战术被命名为“合同”的原因所在。

2. 合同战术体系诸要素的功能耦合

系统论告诉我们，只有构成系统的各个部分之间形成一种互相调节、

① 卢林. 战术史纲要［M］. 北京：解放军出版社，1987：99.

② 资本论：第1卷［M］. 北京：人民出版社，2004：378.

互为因果的耦合关系时，才能构成整体性的组织。认真分析一下合同战术的“三大柱石”，我们很容易发现，“三大柱石”的任何一个要素，都同时具有输出和输入两种功能，而且，任何一个“柱石”的输出恰恰为另一个“柱石”的输入条件，如装甲兵的输出功能是对敌实施快速突破，向纵深快速机动，割裂敌人的防御体系等，而为保障实现这一功能，则需要战术空军对其提供空中掩护和火力支援等（如图 2.2 所示）。

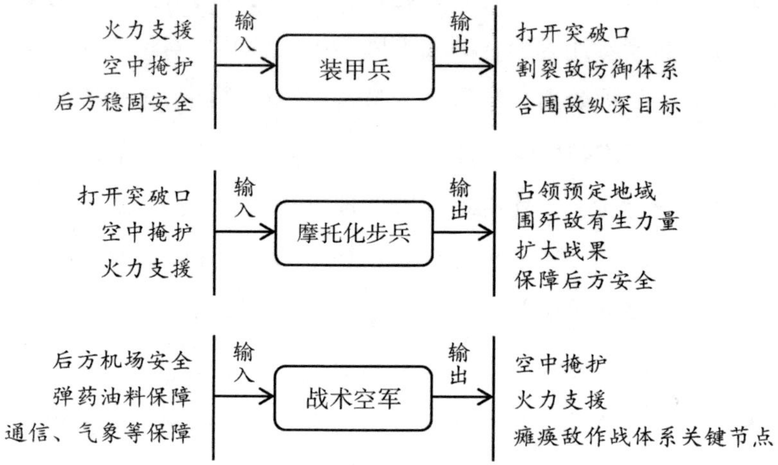

图 2.2　合同战术三大要素输入输出功能分析

从图 2.2 中对装甲兵、摩托化步兵、战术空军的输入输出功能分析可知，战术空军的输出功能恰恰是装甲兵的输入条件，装甲兵的输出功能则为摩托化步兵打开突破口和火力支援，摩托化步兵的输出功能又成为战术空军的输入条件。一个要素的输出功能，正好是另一个要素的输入条件，这种关系在系统理论中被称为“功能耦合”。系统理论又进一步指出，当不同子系统的功能和条件完全耦合起来时，就能构成一个更为稳定的大系统。在该系统中，每一个要素都获得了由其他要素提供的必备条件，因而也就能发挥出更强大的预设功能，从而为其他要素提供充分的输入条件，这样循环往复，构成了合同战术体系的良性循环，从而实现整体功能远远大于各要素功能之和，提高了合同战术体系的战斗能力。

3. 合理配置要素实现系统功能最优

结构决定功能，是系统论一个十分重要的观点。同时，系统论还认为，每一个要素在系统中发挥着不同的功能，合理地配置系统诸要素特别是占据主要地位的要素，使其发挥最大功能，系统方能实现功能最大化。合同战术尽管是一个由“三大柱石”及其他兵种力量相互支援、密切协同而构成的有机体系，但是，坦克无疑是解决“防御时代”突破问题的拳头力量，因此自然而然地成为合同战术体系中的核心。对坦克的使用方式决定着这一体系的作战效能，甚至成为是否称得上合同战术的判断标准。在这一体系中，坦克作为打开敌防御体系突破口的主要力量，必须集中使用，而不是配属给步兵，才能最大限度地发挥坦克效能。这一点，古德里安在战前发表的一篇文章中，曾经做过一个理论模拟实验，虽然文字较长，但笔者还是愿意摘录下来。

“红蓝两军正在对战之中。双方都有一百个步兵师和一百个战车营。红方将其所有战车都配给各步兵师，而蓝军则将其集中编成装甲师，由最高统帅部加以直接的控制。假使战线的长度是三百哩[①]，其中一百哩是战车所不可能通过的，一百哩是战车很难运用的，另外一百哩则是适合于战车活动的地形。所以在实战的时候就会有下列的现象发生：红军因为把战车分配给各师使用，所以有一部分的战车被配置在战车所不能活动的地区，结果是英雄无用武之地，另外一部分战车虽然可以活动，但受地形限制太大，也使成功的希望变得非常微弱。所以结果是在战车最便于活动的地区，红军所能使用的战车只是它的全部兵力的小部分而已。反过来看，蓝军的情形则完全不一样，它可以把全部的装甲兵力都集中在一起，用在最有利的地区，以求发生决定性的作用。它在这个地区的战车数量至少可以为敌人的一倍，而在其他取守势的地区，则也只会受到敌方的小规模的战

① 哩为英里的旧称，1 哩≈ 1609.344 米。

车攻击，假使说一个步兵师有五十门战防炮，那么它对付五十辆战车的攻击，就要比对付两百辆战车容易得多了。所以我们的结论是认为把战车分配给各步兵师的观念，只不过是重新回到一九一六年到一九一七年的最初英国战术的旧路，事实上这完全是失败的……为了得到最大的决战机会，所需要的不是集中的步兵，而是集中的战车。”①

古德里安的理论模拟实验和分析，再次验证了在合同战术体系中，坦克这一要素的集中使用对于打开防御阵线突破口、向纵深快速机动和割裂围歼敌方有生力量的决定性意义。

为此，古德里安向德军总参谋部强烈建议，大力发展坦克部队，并将坦克编成坦克旅、装甲师或装甲军，集中用于突破敌防御阵线和向敌纵深快速机动，这恰恰也是“结构决定功能”这一系统思想在合同战术中的具体实践。对他个人而言幸运的是，德军统帅部采纳了他的建议，战前即组建了 10 个装甲师，而且在装甲师的编成里，除了坦克旅，还有摩托化步兵和炮兵，使装甲师真正成为一支合成部队，这也奠定了闪击战术的组织基础。相比之下，法国虽然拥有 3000 辆坦克，但却把一半坦克分配给步兵师使用，另外还有 700 辆坦克加入了骑兵师和机械化师，只有余下的 800 辆组成了 5 个装甲师。

■ 初试锋芒：但泽走廊进攻战斗的战术及其思维运作

1939 年 9 月 1 日凌晨，古德里安指挥第 19 军（下辖第 3 装甲师和第 2、第 20、第 23 摩步师）对但泽走廊实施进攻。担负但泽走廊防御任务的是波兰的 3 个步兵师和 1 个“波莫瑞”骑兵旅，装备数量不多的“菲亚特－安萨尔达”型坦克，在波兰边界和布拉河分别构筑有工事。9 月 4 日，但泽走廊被突破。这次战斗古德里安以亡 150 人、伤 700 人的代价，取得了歼灭波兰 2～3 个步兵师和 1 个骑兵旅的巨大胜利。但泽走廊进攻战斗

① ［德］海因茨·威廉·古德里安. 闪击英雄［M］. 钮先钟，译. 北京：战士出版社，1981：45-46.

是古德里安坦克闪击战术思想的第一次实战运用。

一是将坦克集中编组为坦克群使用，充分发挥其强大的地面突击力和快速机动力，快速突破敌防御，从而在作战态势和心理上形成对敌优势。仅仅将坦克当作为步兵和炮兵开路的压路机是对其作用的极大低估，装甲和运动也仅仅是坦克的部分作战性能，除此之外，火力才是坦克最重要的进攻手段。火力、运动、防护构成了坦克的整体作战性能，只有作为集群集中使用才能将其作战性能最大限度发挥出来，使敌人来不及在纵深地带组织有效防御，从而附带造成敌军的心理恐慌。

二是坦克与摩托化步兵、战术空军协同作战，形成高效的作战系统。古德里安一直反对将坦克配属给步兵，始终强调与坦克协同作战的其他兵种要具备和坦克一样的机动速度，避免系统内的“短板”阻止坦克效能的最大限度发挥。这与我军现在强调基于网络信息系统的作战体系、解决体系内的短板有相同之处。

三是指挥员靠前指挥是取得胜利的关键。但泽进攻战斗中，古德里安始终活跃在战斗第一线，在靠近前线的地域及时发现和现场解决部队进攻中遇到的问题，利用装甲指挥车的无线电设备沟通所属各师和军司令部之间的联系，实施靠前指挥。古德里安是第一个在战场上利用装甲指挥车无线通信实施指挥的军长。

四是思想的落后才是真正的落后。在但泽走廊进攻战斗中，波兰的“波莫瑞”骑兵旅竟然用马刀与德军的坦克进行对抗，在坦克已经问世并投入实战 20 多年后仍然对其性能一无所知，这是多么的可悲！但可悲的并不是其遭受毁灭性的打击，而是当时波兰军方甚至是举国上下的麻木和无知，这种思想上的落后和愚昧才是一支军队最可怕的敌人。

五、毛泽东的唯物辩证思维与人民战争战术

几乎整个火器时代，西方都是战术变革的主要舞台。然而，当时间

指针转到 20 世纪上半叶时，在世界的东方，毛泽东在领导中国人民反帝反封建的武装斗争中，将马克思主义基本原理与中国革命战争具体实践相结合，创造性地运用唯物辩证思维，创立了人民战争的战术，使人的主体性、创造性再一次成为推动战术变革的主要推力。

（一）马克思主义的哲学思维方式

在马克思和恩格斯之前，曾经有亚里士多德、F. 培根、笛卡儿、康德、黑格尔等对思维及思维方式进行了一些研究。特别是黑格尔，曾经做过关于思维内容、思维原则、思维方法、思维类型等比较系统的研究，使其成为马克思主义哲学思维方式产生之前对思维方式研究的集大成者。在此后，随着自然科学的重大发展，唯物主义必然要改变它的形式，形而上学的观点也已经是不可能了，于是以唯物辩证法为核心、以实践为根本出发点的马克思主义哲学思维方式应运而生。

1. 创立了唯物辩证的思维方式

马克思主义认为，要思维就得有思维的规定性，但思维方式不可能凭空产生，而是一定历史发展阶段对这一历史时期实践活动内容和活动方式的观念表征。人类的物质生活和社会生产方式制约着整个社会、政治和精神生活的过程，社会存在决定意识。人虽然是观念、思想等的生产者，但人是现实的、从事实践活动的人，这种观念和思想也受生产力和与之相适应的生产关系的制约，从而将黑格尔建立在“颠倒的世界观”基础上的辩证法恢复到了正确的唯物论的基础上，创立了合乎辩证法的“合理形式”——唯物辩证法。唯物辩证思维也成为马克思主义哲学的基本思维方式。

2. 确立了实践观点的思维方式

思维和思维方式的发生发展与人类历史活动相一致。也就是说，人的思维发生、发展于人类的实践活动之中。实践观点是马克思主义哲学思维方式与之前的哲学思维方式的一个根本区别。按照马克思、恩格斯这一观点，在有的人理解来看，战术主体的思维方式应该受战斗实践活动的制约，从表面上看这似乎是正确的。而事实上，**战斗实践活动仅仅是人类波澜壮阔的实践活动中的很小部分，战术主体在从事战斗实践的同时，更广泛地参与到其他实践活动之中，其思维方式不可能仅仅受制于他所从事的战斗实践，而应放大到他所在时代的一切实践活动，至少也应当放大到战争实践活动**。应当说，战术主体的思维方式必然受到他所在时代的实践活动以及由此而形成的主导性思维方式的影响和制约，并进而影响到从事战斗实践的方式方法。

3. 实现了从解释世界到改变世界的超越

哲学作为一种思维方式，不只是认识和解释世界，更重要的是改造世界。“解释世界”与“改变世界”体现着哲学在对待和处理自然世界与人类世界、观念世界与实在世界、主观性和客观性、主体和客体之间矛盾问题时的两种不同的立场、观点和方法，表现为两种不同的哲学思维方式和两种不同的哲学功能。受限于人们实践活动的广度和深度，以及认识能力的局限，马克思之前的哲学，其理论的主要任务是解释和说明现存的世界，而“问题在于改变世界”，它们所体现出来的是本体论的思维方式。马克思主义哲学把解放全人类作为自己的终极使命，主张通过暴力革命消灭一切剥削阶级和剥削制度。所以，马克思主义哲学是“改变世界”的哲学，实现了对解释世界的一切旧哲学的超越。在马克思主义哲学看来，人民群众是历史的创造者，人在社会发展变革中发挥着十分重要的作用。

（二）人民战争战术的形成与发展

马克思主义学说在中国的传播，使得以毛泽东为代表的共产党人，能够创造性地运用马克思主义哲学思维，创立了人民战争战略战术，实现了在落后国家、以落后装备战胜先进武器的敌人，完成了解放人民和民族独立的革命任务。

第一次国内革命战争时，特别是在井冈山反“围剿”斗争中，毛泽东、朱德等依据敌强我弱的形势，立足根据地，依靠民众，采取奇袭、佯攻、骚扰、伏击等灵活的战法，分散敌人精力，扰乱敌人部署，避免与敌主力交战，不打打不赢之仗，打得赢就打，打不赢就走；实施进攻战斗时，“力求打运动中、驻止或立足未稳之敌”。这种战法最终概括为“敌进我退，敌驻我扰，敌疲我打，敌退我追”的游击战术“十六字诀”。据统计，中央苏区从第一次到第三次反“围剿”中，红军组织了13次进攻战斗，其中进攻运动之敌包括伏击遭遇、追击等7次，进攻立足未稳之敌6次。后期又提出诱敌深入的游击作战方针，如第三次反“围剿”中，蒋介石集中23个师又3个旅，自任总司令，采取“多路分进、长驱直入”的方针进攻苏区。红军首先以运动防御节节抗击、袭扰、迟滞敌人，将敌人引诱至根据地内部之后转入反攻。第一仗原准备打富田，后改变计划包围和歼灭莲塘之敌1个旅另1个营；第二仗进攻良村之敌第54师；第三仗趁敌第8师立足未稳之际将其歼灭于黄陂。

进入抗日战争后，毛泽东做出了抗日战争是持久战的战略判断，提出了抗日游击战争的六条战略纲领，强调要主动灵活地组织实施防御战中的进攻战、内线作战中的外线作战、持久战中的速决战，要求八路军和游击队，要集中尽可能多的兵力，采取秘密行动，出其不意地袭击敌人，并迅速解决战斗，力戒拖延，在《论抗日游击战争的基本战术——袭击》中明确提出“袭击是游击战争的基本作战形式”，并概括提出了袭击战术的十二条要领和袭击行动敌人的十八条方法，将游击战术发展到更高的阶段。

解放战争时期，根据敌我力量此消彼长，大量地消灭敌人有生力量，不计一城一地之得失，为夺取解放战争胜利奠定基础，在运动中歼灭敌人成为这一时期的基本作战指导。为此，毛泽东指出：“集中优势兵力、各个歼灭敌人的作战方法，不但必须应用于战役的部署方面，而且必须应用于战术的部署方面。”在战斗部署上，不应企图同时全部消灭被围之敌而平分兵力，而“应集中绝对优势兵力，即集中六倍、五倍、四倍于敌，至少也是三倍于敌的兵力，并集中全部或大部的炮兵，从敌军诸阵地中，选择较弱的一点（不是两点），猛烈地攻击之，务期必克”[①]。这一战法以消灭敌人有生力量而不是保守或夺取要地为主要目标，其效果非常突出，既能全歼敌人，又能速战速决。集中优势兵力各个歼灭的作战指导和战法在解放战场上得到了广泛运用。如，1946年7月13日至8月31日，粟裕、谭震林指挥19个团，在江苏泰兴、如皋、海安一带，集中优势兵力连续7次作战，歼灭敌6个旅、5个交通警察大队，被誉为“苏中七捷”。再如，1948年9月3日至8日，刘伯承、邓小平指挥晋冀鲁豫野战军主力在山东菏泽、定陶、曹县一带，分3次先后歼灭敌4个旅。

（三）辩证统一：人民战争战术的思维机理

在领导中国革命战争的过程中，以毛泽东为核心的军事领导集体坚持以马克思主义为指导，自觉运用历史唯物主义和辩证唯物主义的世界观、方法论，以“中国革命战争”而不是“一般的战争”和“一般的革命战争”为思维对象，坚持理论与实践、主观与客观、局部与全局、数量与质量相统一的思维方法，坚持“你打你的、我打我的”，创造性提出并运用了游击战、运动战、歼灭战等战术思想和原则，形成了人民战争的战略战术思想。毛泽东也因此被誉为“掌握打开这个时代军事奥秘之锁的全套钥匙的一个时代人物”[②]。

1. 一般与特殊的辩证统一

毛泽东在《中国革命战争的战略问题》中，开篇就提出了战争规律、革命战争规律和中国革命战争规律的问题，这实质上是对战争规律做出了

---

① 毛泽东军事文集：第4卷［M］. 北京：军事科学出版社，中央文献出版社，1993：482–483.

② ［英］迈克尔·爱略特·巴特曼. 揭开我们时代军事奥秘的人［J］. 李天林，李植云，吕民序，译. 外国军事学术（增刊）1983（22）：40–50.

一般与特殊的划分。为了正确地指导中国革命战争，不但要研究一般战争的规律，同时也要研究特殊的革命战争的规律，还要研究更为特殊的中国革命战争的规律。而对一般和特殊的划分，恰恰是建立在人们认识运动的规律之上的。就人类认识运动的顺序而言，总是首先认识个别的和特殊的事物，再由特殊事物逐步扩大到一般的事物。当人们认识了事物共同的本质之后，就以这种共同的本质的认识为指导，继续向尚未研究过的或尚未进行过深入研究的具体事物进行研究和探索，找出它们特殊的本质，并进一步补充、丰富和发展人们对事物原有的共同的本质的认识，从而使这种共同的本质的认识不至于成为枯槁的和僵化不变的东西。第五次反“围剿”的失败，很好地说明了战争的一般规律并不适用于中国革命战争的特殊实际，如果一定套用，不可避免要犯主观主义和军事上的教条主义的错误。

2. 客观规律性与主观能动性的辩证统一

战争充满了“迷雾”，但毛泽东认为“迷雾”后面有规律，战争不是神秘之物，不过是世间的一种必然运动。这种规律是能够被认识、被发现、被掌握的，作战条令就是这种规律的具体表征。认识战争规律的目的在于运用规律指导实践，即熟悉掌握敌我各方面的情况，找出战争行动的规律，并且把这些规律应用于自己的行动。在运用规律指导战斗实践的过程中，要充分发挥自觉能动性，“做或行动是主观见之于客观的东西，都是人类特殊的能动性。这种能动性，我们名之曰‘自觉的能动性’，是人之所以区别于物的特点”①。针对运用作战原则时犯错误的问题，毛泽东进一步分析道：“为什么主观上会犯错误呢？就是因为战争或战斗的部署和指挥不适合当时当地的情况，主观的指导和客观的实在情况不相符合，不对头，或者叫做没有解决主观和客观之间的矛盾……这里的关键，就在于

① 毛泽东选集：第 2 卷［M］. 北京：人民出版社，1991：477.

把主观和客观二者之间好好地符合起来。”[①] 正是基于对战争规律性和主观能动性辩证统一的认识，毛泽东提出了“战争指导规律”的概念，力求使战争主观指导符合客观实际。由于我军始终处于劣势，如何以劣胜强，始终是毛泽东思维关注的重点，所以他更加强调各级指挥员自觉能动性地发挥。每战都从实际出发，赋予一线指挥员最大决策权，作为我军战术灵魂的“灵活”恰恰体现出客观规律、一切从实际出发和主观能动性的有机统一。

3. 局部与全局的辩证统一

毛泽东在指挥中国革命战争的过程中，始终注意局部和全局的辩证统一。他指出：“只要有战争，就有战争的全局。……凡属带有要照顾各方面和各阶段的性质的，都是战争的全局。”[②] 要求战役指挥员和战术指挥员要了解某种程度上的战争规律和战争全局，避免那种不关照全局、虽连战连捷但吃一个败仗就前功尽弃的局面。强调战争全局不能脱离局部而单独存在，同时还驳斥了战略胜利取决于战术胜利的错误认识。他还非常善于抓住战争中“带有全局性”或“对全局有决定意义的一着”，如辽沈战役前，国民党军孤守长春、沈阳、锦州三座孤城，林彪基于东北战场敌我形势和兵力对比提出先打长春，虽然同样能够实现解放东北的战略意图，但却把国民党军主力全部赶入关内，会极大地增加平津、山东、淮海等战场压力。而毛泽东从解放全中国的战略全局出发，反复电告林彪、罗荣桓和刘亚楼：“你们的中心注意力必须放在锦州作战方面，求得尽可能迅速地攻克该城。即使一切其他目的都未达到，只要攻克了锦州，你们就有了主动权，就是一个伟大的胜利。”[③] 从而实现了“关门打狗”，基本全歼东北境内国民党军。

当然，以毛泽东为代表的共产党人在研究和解决中国革命战争战略战

① 毛泽东选集：第 1 卷［M］. 北京：人民出版社，1991：179.
② 毛泽东选集：第 1 卷［M］. 北京：人民出版社，1991：175.
③ 毛泽东选集：第 4 卷［M］. 北京：人民出版社，1991：337.

术问题时，除了运用唯物辩证法之外，还有很重要的一点是把实践作为思维的起点，坚持一切从实际出发，将马克思主义基本原理同中国革命战争具体实际结合起来，“你打你的，我打我的”，始终牢牢掌握战场主动权，形成了灵活机动的人民战争战略战术，以落后装备打赢了靠美械装备武装起来的国民党反动派。

■“蘑菇”战术：“三战三捷”的战术及其思维运作

1947 年 3 月，胡宗南部对延安发动进攻，西北野战兵团在彭德怀、习仲勋统一指挥下，完成掩护党政军首脑机关安全转移任务后，在运动中充分调动敌人，先后在青化砭、羊马河、蟠龙以伏击的方式达成消灭敌人之目的。充分体现出了我军正确的战争指导和高超的战术艺术。

一是在运动中分散敌人、集中己方兵力。集中兵力是战术的基本原则，说易做难。在当时战场上，敌强我弱、敌多我少、敌优我劣是整个战争全局上不争的事实，如何才能达成集中两倍、三倍、四倍甚至五倍六倍于敌的兵力呢？青化砭、羊马河、蟠龙三次战斗都是通过运动来调动敌人，用少部兵力调动敌方主力，把敌人一部从中分隔和孤立出来，从而在战斗这一局部上形成对敌绝对优势。最终塑造出青化砭我 5 个旅打敌 1 个旅、羊马河和蟠龙我 4 个旅打敌 1 个旅的有利态势。

二是充分发挥机动灵活优势，以能击不能。胡宗南部装备好、辎重多，但不善于在山区和丘陵地带机动，兵力多但保障困难，而西北野战兵团则恰恰轻装灵活。充分利用陕北地区有利地形和内线作战、群众基础好的优势，使敌人翻山越岭、跨沟过河、断粮断炊，把敌人“磨”得“十分疲劳和完全饿饭”，以我之优势对敌之弱势，以我之主力击敌之薄弱，以我之能击敌之不能，正如毛泽东所说：“这种办法叫‘蘑菇’战术，将敌磨得精疲力竭，然后消灭之。”①

三是从战场实际出发，灵活运用战法，达成主观指导与战场客观实际

① 毛泽东军事文集：第 4 卷［M］. 北京：军事科学出版社、中央文献出版社，1993：337.

的统一。要么利用敌人的企图、将计就计，如青化砭伏击战就是利用胡部急于决战心理，以少部兵力将敌主力诱开；要么利用敌主力回援不及，及时、坚决地消灭之，如蟠龙守敌167旅就是因主力北上而被西北野战部队聚而歼之。

从上述分析中可以看出，不管是分散与集中、弱势与优势，还是能与不能、分割与被分割等战术思想和具体战法，都充分体现出战斗活动中敌我之间的相对变化和辩证关系，这种辩证关系最终统一于战场的具体实践，塑造出了我军战术灵活机动的活的灵魂。

六、“二战”之后西方的探索性演绎思维与美军作战创新

20世纪爆发了人类历史上两次世界大战，促成了战术从散兵线向合同突击的快速变革。与此同时，在自然科学领域，到1900年前后，人们仍然坚信，牛顿创立的经典物理学，即便无法解释黑体辐射现象，也是无懈可击的，并认为物理学这一分支即将完善，甚至认为这个领域已经不值得研究了。直到爱因斯坦的出现，才使得人们对于时间和空间的认识发生了革命性的改变。与这种革命性改变同时甚至先于这种革命性改变发生的，其实是爱因斯坦的思维方式。甚至从比较肯定的意义上说，如果爱因斯坦仍然因循牛顿的科学理性思维范式，那么他可能永远也发现不了相对论。

（一）爱因斯坦及其探索性的演绎思维

1905年9月，爱因斯坦发表《论动体的电动力学》论文，对时间、空间、运动等概念做了全新的分析和改造，在经验基础之上通过“思维的自由创造”产生两个基本假设，通过演绎和推理，使牛顿的经典力学和英国物理学家麦克斯韦的电动力学在新的物理学基础上获得统一。爱因斯坦在

创立狭义相对论的同时，也创立了一种新的科学研究的思维方法，即探索性的演绎思维。

1. 坚持唯理主义却不排斥经验

爱因斯坦从自身的科学实践出发，批判地继承了笛卡儿、康德等的唯理主义思想，强调理性对认识的贡献。他这样表明自己的唯理主义："从有点像马赫的那种怀疑的经验论出发，经过引力问题，我转变成为一个信仰唯理论的人。"① 他还进一步说道："借助思维（运用概念，创造并且使用概念之间的确定的函数关系，并且把感觉经验同这些概念对应起来），我们的全部感觉经验就能够整理出秩序来，这是一个使我们叹服的事实，但却是个我们永远无法理解的事实。"② 尽管爱因斯坦坚持唯理主义，但他并不排斥经验，反而认为应当把唯理主义和经验主义结合起来，那些把经验的态度与演绎的态度截然对立起来的观念是错误的。同时又冒着"形而上学原罪"的风险，提出作为科学思维的前提，必须把感觉经验同概念思维区分开来。

2. 概念是思维的自由创造

概念是反映事物本质属性的思维形式。爱因斯坦从探索科学发现的工具——概念的逻辑出发，提出了"概念是思维的自由创造"这一著名命题，指出概念不能从感觉经验中归纳得到。他结合自身的科学实践，努力揭示了概念形成发展的逻辑机制，即**根据经验材料分析旧概念的正确性和适用条件，从庞杂的经验材料中抓住那些可以用精密公式表示的普遍特征，用"纯粹数学的构造"作为创造和表达概念的工具，从而把牛顿那里的"推理的发现逻辑"发展成为"概念的发现逻辑"**。

当然，爱因斯坦所说的自由，实际上是科学家从占有的经验材料、已

① ［美］爱因斯坦. 爱因斯坦文集：第 1 卷［M］. 许良英，译. 北京：商务印书馆，1976：380.
② ［美］爱因斯坦. 爱因斯坦文集：第 1 卷［M］. 许良英，译. 北京：商务印书馆，1976：342.

有的知识、预期的目标出发，面对科学发现中迫切需要解决的问题，在一定方向上突破成见和思维定式、大胆创新的自由，是创建基本概念和基本原理时主体思维的自由，是选择概念和原理时表达的自由，以及概念和原理概括程度高低的自由。爱因斯坦认为，这种自由正如一个人面对构思巧妙的字谜，虽然他有许多种选择，但最终的谜底却只有一个字。1900 年德国物理学家普朗克提出能量子假说之后，是修改旧理论来维护牛顿的经典物理学，还是另行创立新的量子物理学？物理学家必须做出抉择。爱因斯坦经过“思维的创造”提出了“光量子”概念，完美地解释了黑体辐射和光电效应，从而创立了量子物理学。

3. 探索性的演绎方法

从牛顿的经典力学到麦克斯韦的电磁理论，再到相对论，其实是摧毁旧概念、创立新概念的过程。沿着这一路径，爱因斯坦发现，“物理学是从概念上掌握实在的一种努力”[①]，并由此出发建立了他自己的方法论——探索性的演绎法。1952 年 5 月 7 日，在给 M. 索洛文的信中，爱因斯坦以图文结合的形式，对公理体系、导出命题、直接经验（感觉）之间的关系给出了直观而又严谨的描述（如图 2.3 所示），这一描述成为探索性演绎法的基础架构。

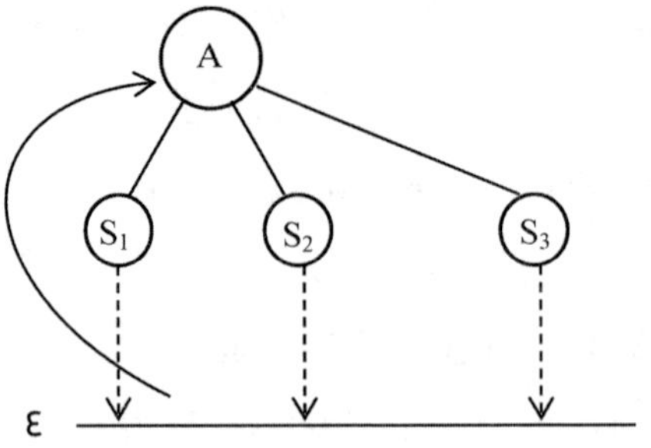

图 2.3　探索性演绎法的基础架构

---

① ［美］爱因斯坦. 爱因斯坦文集：第 1 卷［M］. 许良英，译. 北京：商务印书馆，1976：36.

在这一架构中，ε 是已知的，A 是假设或公理，S 是通过 A 推导出的各个结论，S 能够同 ε 联系起来，可用实验进行验证。从直接经验或实验事实到假说或者公理体系，是“思维的自由创造”，但是，通过逻辑演绎从公理体系推导出的命题则必须能够进行实验检验，从而建构起新的完整的理论体系。爱因斯坦解释说：“理论家的方法，在于应用那些作为基础的普遍假设或者‘原理’，从而导出结论。于是他的工作可分为两部分——他必须首先发现原理，然后从这原理推导出结论。”[①] 至此，“适用于科学幼年时代的以归纳为主的方法正在让位于探索性的演绎法”[②]。

4. 直觉、灵感和想象

在科学创造活动中，直觉、灵感、想象等非逻辑性思维方法往往发挥着重要作用。爱因斯坦直言自己相信直觉和灵感，他还一再重申，从特殊到一般的道路是直觉性的。在谈到经验 ε 和公理或假说 A 的关系时，他说：“从心理状态方面来说，A 是以 ε 为基础的。但是，在 A 同 ε 之间不存在任何必然的逻辑联系，而只有一个不是必然的直觉的（心理的）联系。”[③] 光量子理论也正是“由于它的直觉性”才进入爱因斯坦的思维空间。

关于想象，爱因斯坦认为，想象比知识重要，因为知识是有限的，而想象力是知识进化的源泉，是推动进步的力量，更严格一点说，想象力是科学研究中非常重要的一种实在因素。爱因斯坦自己就非常善于运用想象力进行“思维实验”。他在 16 岁时就开始思考，如果人追逐一束光会出现什么结果。他推断，如果能追上光，就意味着光像冻结了一样。但是，光的速度不会因为人的追赶而慢下来，仍然以光速在运动。因此，观察者就会发现，变化的不是光速，而是其他的东西如时间。这就是著名的“追光实验”，这一实验也成为狭义相对论的基础。

① ［美］爱因斯坦. 爱因斯坦文集：第 1 卷［M］. 许良英，译. 北京：商务印书馆，1976：75.
② ［美］爱因斯坦. 爱因斯坦文集：第 1 卷［M］. 许良英，译. 北京：商务印书馆，1976：262.
③ ［美］爱因斯坦. 爱因斯坦文集：第 1 卷［M］. 许良英，译. 北京：商务印书馆，1976：541.

（二）从空地一体战到多域战的作战创新实践

第一次世界大战将机械化战争推向了巅峰，合同突击战术大放异彩。此后，朝鲜战争、越南战争以及四次中东战争，除了直升机和精确制导武器应用于战场之外，在战术上似乎没有太多值得大写特写的亮点。但也正是这一时期的战争实践孕育出其后的作战理论和战术变革。

1. 空地一体战

1982 年 8 月，美国陆军颁布修订后的《作战纲要》，创造性地提出空地一体战理论。1983 年，美国国防部将空地一体战作为一切作战行动的标准程序，这一作战理论不仅吸取了美国在越南战争中失利的教训，而且还反映了 20 世纪 60 年代以来，以美国为首的北约准备在欧洲战场同苏联军队打一场大规模地面战争的作战构想。1986 年版《作战纲要》再次重申，空地一体战是美国陆军的基本作战理论，并且指出，空地一体战反映出了“现代战争的结构、战斗力的发展变化以及为适应当代战场要求”而对传统作战原则的创新发展。美国陆军认为，立体作战是现代战争的固有性质，一切地面作战行动，必然受到作战一方或双方空中支援作战行动的影响；主张运用空中优势力量对敌进行全纵深火力打击；强调师和师以上各级部队要周密制订作战计划和组织协同，在近距离、纵深和后方三个地域内协调一致地同时展开对敌作战行动。

1991 年 1 月 17 日凌晨 2 时 35 分，美军 F-117 隐形战斗轰炸机向巴格达投下了首枚精确制导炸弹，海湾战争正式打响。这次战争将世界人民从传统的机械化战争中打醒，体现出空地一体作战的鲜明特征。

2. 网络中心战

海湾战争结束不久，美国海军中将阿瑟·塞布罗夫斯基就在 1998 年提出了“网络中心战”概念。1999 年 6 月，美国国防部助理、国防部部长办公室研究室主任艾伯格茨在《网络中心战：发展和利用信息优势》一书中进一步明确，网络中心战是人员和兵器编组在以网络为中心的思维方式基础上的一种作战行动，它关注的重心是对各作战要素加以有效联通和网络化之后所生成的战斗力。2001 年 7 月，美国国防部在提交给国会的《网络中心战》报告中指出，网络中心战是同时发生在认知域、信息域和物理域内及三者之间的战争。2003 年，网络中心战被写入美国国防政策报告。美军认为，网络中心战强调作战中心由传统的武器平台转向网络；各作战要素战场态势实时共享，信息优势就是决策优势和行动优势；信息就是战斗力，信息是战斗力的倍增器；火力机动代替传统的兵力机动；基于共同的网络空间，指挥员不仅有新的指挥方式，部队也成为“自我协同部队”。

2003 年 3 月 20 日，美英联军绕开联合国对伊拉克发起代号为“斩首行动”的大规模突袭和“震慑”地面攻势。4 月 8 日，美军从南北两个方面推进到巴格达，占领了萨达姆城，4 月 15 日美军宣布伊拉克战争的主要军事行动结束。战争中，美军由卫星侦察、航空侦察、地面数字化侦察和特种侦察构成的一体化侦察情报体系，实现了对战场态势的全维感知，战场对美军单向透明；充分发挥卫星通信网、地域通信网、数据链等通信系统，实现了战场信息的有效联通；陆、海、空等各参战部队在信息网络系统支撑下从不同维度、不同空间实施分散作战、相互支援；作战行动中控制协调从原来的“计划型”向“任务型”转变，参战部队实时化和自主化协同作战能力大幅提高。这次战争是网络中心战理论的初步尝试。

3. 空海一体战

2009 年 9 月，美空军参谋长诺顿 · 施瓦茨上将和海军作战部长加里 · 拉夫黑德上将签署了一份机密备忘录，启动由空军和海军共同开发新的作战概念，即“空海一体战”。2010 年 2 月，美国时任国防部部长罗伯特 · 盖茨在新版《四年防务评估报告》中正式确认“空海一体战”这一新的作战概念。空海一体战以我军的挑战为作战背景，以西太平洋战区为主要战场，以我军“撒手锏”武器为主要打击目标，该理论要求强化指挥中心、通信枢纽、机库以及其他可能遭到导弹袭击的基础设施的建设，在整个亚洲寻找可供美军战机起降的备用基地，强调美国空军的战机和导弹应与海军的航母舰载机、舰艇发射的导弹协同作战。2015 年，空海一体战理论进一步发展和完善为“全球公域介入与机动联合”。

2012 年 9 月，美军参联会主席马丁·邓普西签署颁布了《联合作战顶层概念：联合部队 2020》，尤为引人瞩目的是提出了“全球一体化作战”的新概念。所谓全球一体化作战，是指各军兵种以及盟国军事力量之间进行快速高效组合，将不同作战领域、不同作战层次和不同地理范围内的作战能力组合为顺畅的一体化力量，并实施作战。一体化作战的核心是以新的方式集成新型作战能力，特别是网电信息、情报侦察能力与特种作战，以提高军事效能。从这一概念中可以看出，美军希望依托其信息技术优势，全面打破军种之间、战区之间界限，组织跨域协同，将全球分散部署的人员、装备、系统整合为有机整体，发挥出一体联动和耦合效应。

4. 多域战

冷战结束后，越来越多的国家具备了在空中、地面、海上、太空、网络空间等域内的行动能力。为了应对对手在作战方面的挑战，2017 年 12 月，美国陆军训练与条令司令部发布了《多域战：21 世纪合成兵种的演进（2025—2040）》，正式提出了“多域战”的作战概念。依据这一概念，美军将通过以下三种方式实施多域战：一是调整力量布局、挫败“混合战争”、慑止作战对手的“既成事实”行动；二是运用弹性编队向所有领域投送力量或者进入所有领域并实施行动；三是聚合能力、创造优势条件保障部队机动。这一概念描述了美军及其盟友部队如何随时间和空间的推移，在跨领域、跨职能、跨环境的条件下，综合运用多种能力和方法，以确保自己及伙伴部队在低于武装冲突门槛的行动中同敌人周旋，以及在强度更大的武装冲突中击败对手。更重要的是，美军希望通过这一概念，牵引 21 世纪合成兵种的演进发展，促进更多的作战概念开发、作战推演、作战实验和作战能力发展等。

（三）思维的自由创造：美军作战创新的思维机理

2003 年 10 月，美军参联会根据国家军事战略和 2020 年联合构想发布《联合作战概念》系列文件。《联合作战概念》的出台，标志着美军作战理念从原来的“基于威胁、以需求为牵引”开始转向“基于能力、以作战概念开发为驱动”。**“基于能力”关注的重点是如何击败拥有不同能力的任何敌人，而不管敌人是谁、在什么地方、以何种方式威胁和挑战美国利益；“以作战概念开发为驱动”的模式，则将人们对战争的认知从原来的“学习战争”拓展到了“设计战争”**。

事实上，军事史上不乏能够洞察和预测未来战争趋势从而提出新的作战理论的军事天才，如军事理论家杜黑和他的制空权、富勒和他的装甲战、图哈切夫斯基和他的大纵深作战理论等。如果说这些作战理论只是少数天才的灵光一现，那么，美军正是通过联合作战概念使作战理论创新走得更远、更扎实。深入探究美军作战理论创新背后的机理，不难发现，美军正是通过“思维的自由创造”首先提出作战概念，进而发展完善作战理论，在这一过程中，爱因斯坦创立的探索性的演绎思维方法，在其中发挥了重要作用。

第一步，从战争庞杂的经验事实中抓住战争制胜机理和作战理论发展的一般特征，抽象出作战理论创新的普遍原理，通过逻辑演绎和“思维的自由创造”，创造出新的作战概念，即作战假说或公理。这里的假说或公理不是异想天开，而是基于战争实践的经验和军事技术的可能发展。

第二步，在实验室运用数学建模、仿真评估等方法对所提出的作战概念进行反复的论证实验，如美国国防部于 1999 年 4 月提出“快速决定性作战”构想，美军联合部队司令部随即展开作战实验，1999 年 10 月即推出《快速决定性作战》0.5 版白皮书，提出概念框架；随后通过仿真实验、兵棋推演和实兵演习，2001 年 5 月推出 1.0 版白皮书；再后不断评估完善推出 2.0 版，使构想从最初的概念框架逐步走向成熟的作战理论。

第三步，将新的作战理论运用于战争实践，在实践中完成验证和进一步发展。这一点，我们从美军最近几次战争实践中可以清楚地看到。先后发动海湾战争、空中打击科索沃、进入阿富汗反恐作战、入侵伊拉克、空袭利比亚等，不断地实践和检验其作战概念开发成果。此外，在作战概念开发与战争实践之间，还积极推进作战实验。美军联合部队司令部认为，实验既不是训练和概念证明，也不是产品的最后测试，是运用科学的实验方法对某种设想或假定的联合作战概念相关组成要素的有效性进行评估，以确认这一概念是否能够引起实际军事效果的改变。1996 年后，美军海、空和海军陆战队相继建立作战实验室，1999 年，美军组建联合作战实验室，采用作战模拟、虚拟仿真和实兵演习相结合的方式，评估、论证和发展完善美军提出的作战概念，助推作战构想从最初的概念到成熟的理论，寻求形成和提升作战能力的新方法新途径。

美军根据作战概念创新与战争实践之间的互动，形成了一套“作战概念—作战实验—军事演习—作战理论—战争实践—新的作战概念”的良性机制（如图 2.4 所示）。

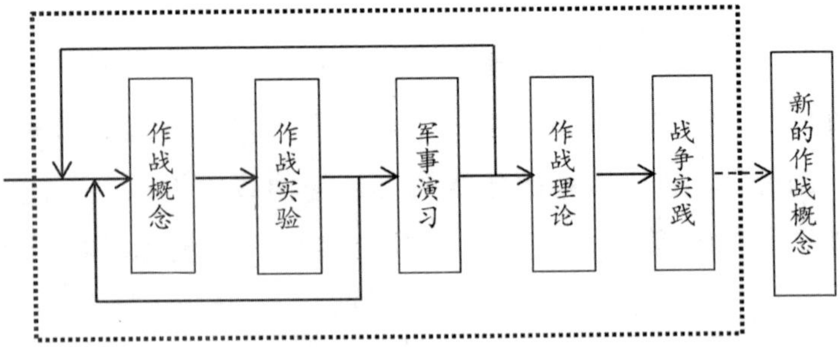

图 2.4 美军作战理论生成过程示意图

■ “三非”作战：科索沃战争中的战术及其思维运作

1999 年 3 月 24 日，以美国为首的北约部队对南联盟发起了代号为“盟军”的空袭行动。北约主要采取三种方式实施突袭：一是远距离发射“战斧”等巡航导弹实施攻击；二是从美国本土或盟军基地出动 F–117 等隐形轰炸机投掷精确制导炸弹；三是掌握制空权之后出动战斗机从防区外发射精确制导武器实施攻击。“盟军”行动呈现出非常突出的非对称、非接触、非线式作战的行动特征，交战自始至终都是以空袭和反空袭方式进行，因此又被称为“外科手术式打击”。

首先，这次行动是对美军非对称作战理论的检验。海湾战争后，美军参联会首次在其第 1 号联合出版物中提出了“非对称作战”的概念，强调联合行动的本质就是一种相互作用，对己而言，这种作用表现为支援和被支援；对敌来说，则表现为对称或非对称。1993 年美参联会进一步阐释了这一作战理论，并在随后的一系列文件中不断地发展完善非对称作战理论。总结为一点，即利用不同类型部队之间的杠杆力量，以己之长攻敌之短，以最小伤亡赢得胜利。“盟军”行动中，美军以信息、装备等方面的压倒性优势，做到了“发现即摧毁”，向世人完美地诠释了非对称、非接触、非线式作战。这一过程不过是美军作战理论创新思维机理的又一次演绎。

其次，这次行动加快了快速决定性作战理论孕育的进程。美国的政治体制决定了它所发动的战争要快速而不能陷入持久。所以从 20 世纪 80 年代开始，美军在军事变革的探索中，一直将“快速”和“决定性”作为重点突出出来。1996 年，美国防大学出版了《震慑：获得“快速主宰”》一书，提出了“快速主宰”的概念，这也可以看作快速决定性作战的理论雏形。科索沃战争以实际行动的方式使美军看到它在物质上已经具备在较短时间内赢得决定性胜利的能力，特别是信息技术的发展，使指挥员可以实时、近实时地掌握战场态势，且极大地提高了各类作战信息的处理速度，

“快速”已经成为可能。1999 年 10 月，美联合部队司令部出版《快速决定性作战》0.5 版白皮书，“快速决定性作战”概念正式出炉。

最后，“三非”作战实质是美国霸权思想在军事领域特别是作战理论上的反映。美国的霸权欺凌主义是以其强大军事实力为后盾的。非对称、非接触、非线式，充分地彰显出美军无论是在军事理论，还是在作战能力，或者是在军事技术上，都要领先对手足够的安全距离，始终保持“代差”，这既是美军作战理论创新的动力所在，也是作战理论创新的目标指向。

本章结论

本章对人类早期朴素的整体思维、春秋战国时代的谋略思维、近代欧洲的科学理性思维、“二战”时期的系统思维、中国国内革命战争时期的唯物辩证思维和“二战”之后西方的探索性演绎思维以及同一时期的战术发展变革进行了考察研究。通过考察，笔者认为：

第一，思维方式决定于人类的生产生活和社会发展水平，不同时代有不同的思维方式。战术思维方式作为某一特殊领域内的思维方式，受同一时代社会的主导性思维方式影响和制约。

第二，关于思维方式与战术变革二者的关系，可以简要地概括为**战争实践规定着思维方式，思维方式作为观念的运动模式又反过来制约着战术的发展变革；战术变革是在军事技术提供的物质基础之上，要么是被动地改变、要么是主动地变革原有思维方式而实现的**。

第三，在军事技术发展相对处于稳态的时期，思维方式往往主导战术发展变革；而军事技术快速发展阶段，思维方式往往受惯性思维制约，滞后于技术进步对战术变革所提出的客观要求。

第3章　战术变革诸因素之间的矛盾运动

事物发展过程中存在着自始至终的矛盾运动，矛盾法则是自然界和人类社会的根本法则，也是思维的根本法则。毛泽东早就在《矛盾论》中告诫我们，辩证法主要是教导我们要学会善于观察和分析事物内部的矛盾运动，并根据分析的结论找出解决矛盾的方法。研究战术变革思维方式问题，必须运用矛盾法则，即对立统一的法则，回答战术变革的基本矛盾，揭示战术变革中思维方式与军事技术、战斗实践，以及新旧思维方式之间的矛盾运动。本章首先从分析战术变革的主要矛盾入手，在找出战术变革主要矛盾的基础上，再具体分析战术变革诸因素之间的矛盾运动，以进一步揭示思维方式在战术变革中的重要作用。

一、战术变革的主要矛盾分析

唯物辩证法认为，自然界的变化主要是自然界内部矛盾发展的结果，社会的发展主要是靠社会内部矛盾即生产力与生产关系之间矛盾运动的推动。按照唯物辩证法这一基本法则，战术变革由战术内部的矛盾运动所决定，有矛盾就有变革的需求，当矛盾不可调和时，变革就发生了。

那么，战术内部的主要矛盾是什么呢?

《战术的哲学基础》的作者王东生、黄培义认为，战斗中的矛盾主要表现为敌我矛盾、战斗部队内部的矛盾、人与武器装备的矛盾，以及武器装备现代化本身所具有的矛盾。胡坚在其博士论文《战术变革研究》中提出，战术变革作为一种特殊的运动形式，敌我双方之间的对抗构成了这一运动的基本矛盾。黄建明的博士论文《战术发展趋势研究》则认为，战术发展的基本动力是战斗力和战斗关系两者之间的矛盾运动。但战斗力与战斗关系的矛盾运动可能也超出了战术所研究的范畴，因为作为“战斗过程中所形成的人与人之间诸多关系总和”的战斗关系包括作战编组、作战指挥、体制编制等诸多关系。因此，这些认识和观点虽然都各有道理，但主要是对战斗矛盾的研究和探索，在回答和揭示战术变革矛盾这一点上，可能并没有达到目的。

笔者认为，从矛盾论的角度出发，战斗的矛盾主要是敌我之间的矛盾。**但战术变革是战术内部矛盾发展不可调和的产物，而并不是“战斗”中的矛盾**。因此，战斗的矛盾和战术变革的矛盾之间虽然有联系，但这两种矛盾很明显是不完全等同的。特别是“变革”作为充满创造性的活动，离不开作为主体的人的自觉参与和能动创造，这种“自觉”和“能动”往往也是影响和制约变革的重要因素。**再进一步说，什么是推动战术变革的主要力量？什么是阻滞战术变革的主要力量？推动战术变革的主要力量与阻滞战术变革的主要力量之间的矛盾运动就构成了战术变革的基本矛盾运动。**

那么，**推动战术变革的主要力量是什么？阻滞战术变革的主要力量又是什么？搞清楚了这两个问题，也就搞清楚了战术变革的主要矛盾**。

毫无疑问，推动战术变革的主要力量主要表现为军事技术，有时也可以是先进的思维方式。而阻滞战术变革的主要力量一般来自人们没有完全认识到新型军事技术装备给作战方式带来的革命性变化，即与时代发展不符的、落后的思维方式；也有可能思维方式太过于先进，以至于远远超出了当时军事技术的发展水平，在这种情况下，落后的军事技术也会变成战术变革的阻滞力量。

当主体思维方式与军事技术发展水平相适应时，主体对战斗的能动设计和选择的战法，即战术，就处于相对稳定的状态，它超不出由当时的物质条件所规定了的战术水平；当主体思维方式落后于军事技术发展水平时，军事技术发展就会强制性地改变作战方式，从而实现战术变革；当主体思维方式领先于军事技术发展水平时，主体思维方式通过对战术的预先设计而对军事技术发展提出要求，从而牵引战术变革。一句话，**主体思维方式与军事技术发展水平不相适应的矛盾构成了战术变革的主要矛盾运动，主导着战术变革的进程。**换句话说，战术变革是战术内部矛盾由不稳态向稳态、再由稳态到不稳态的变化过程。

除了这一矛盾之外，思维方式与战斗实践之间的矛盾、新旧思维方式之间的矛盾等也影响着战术变革的进程。

我们在分析战术变革内部矛盾运动的同时，一定不能忘记，战术变革除了与军事技术、战斗实践、主体思维方式等战术内部的因素相关之外，还与变革发生前和变革发生过程中的政治、经济、社会、文化、历史等有着密不可分的联系，而这些因素又深刻地影响着当时社会人们的思维方式。这一点，列宁在 1917 年发表的《战争与革命》演讲中以法国革命为例做过说明。他说："革命的法国人民不但当时在国内第一次表现出来了几百年来没有过的革命毅力，而且在十八世纪末叶的战争中也表现出了同样的巨大革命创造精神。他们改造了全部战略体系，废除了战争方面的一切陈旧规章，创立了新的作战方法，废除了旧军队，建立了新的、革命的、人民的军队。"[①] 列宁还特别强调这个例子值得特别注意。因此，研究分析战术变革的矛盾运动，不能仅仅从军事技术的角度去认识，而忽视战术变革的丰富内涵，抹杀人们的主观思维运动在战术变革中的重要作用。

---

① 马克思恩格斯列宁斯大林毛泽东军事著作选粹［M］. 陆军参谋学院内部资料，1992：119.

二、思维方式与军事技术之间的矛盾运动

卢林在《战术史纲要》中认为，先进的战术体系取决于先进的军事思想观念和先进的武器装备之间的相互协调和高度统一。然而，真实的情况是，在很多情况下二者并不协调和统一。在战术发展的历史长河中，有时军事技术占据主导地位，是矛盾的主要方面，决定着战术变革，如散兵线战术的变革就取决于步兵武器的进步；有时思维方式占据主导地位，是矛盾的主要方面，主导着战术变革，如从车战向步战的变革；二者之间是可以相互转化的。只有当思维方式正好契合军事技术发展水平时，战术才处于稳态。

（一）思维方式滞后军事技术时，技术将强制性地改变作战方式

思维方式作为思维活动展开之前主体头脑当中既有的"先验的结构"，一旦形成，往往具有长期性、稳定性，在一个相当长的历史时期内影响和支配着人们看待事物的角度、认识事物的方式、思考问题的习惯。"一战"当中，铁丝网、堑壕和机枪构成的防御阵线挡住了步兵的进攻，战争双方在阵地争夺中丢下了数以万计的尸体，加之"一战"初期由于鼓吹"大规模进攻"而带来的惨重损失，致使法国大多数人认为未来的战争仍会沿袭"一战"的套路，如贝当元帅就公开表示，飞机和坦克改变不了战争的形态和进程，法国的国家安全主要应当建立在法德边境线上连绵不断的要塞工事之上。于是，"一战"的经验——以要塞为基础由野战炮兵掩护的不间断线性防御——被法国人完全保留下来并发扬光大，他们用先进的筑城技术、耗费巨资修建了马奇诺防线。而"一战"中刚刚崭露头角即立下重大功劳的坦克和飞机，法国人则固执地将其定义为步兵和炮兵的支援火器，甚至一些将领坚持认为，飞机就是为炮兵指示目标，坦克的使用必

须限定在己方炮兵的有效射程范围之内，进攻的主角只能由步兵担任。于是，法国战前虽然拥有3000辆坦克，但绝大部分按照配属的角色编入了步兵。更要命的是，法国部队普遍认为，进攻的德军将在马奇诺防线面前碰得头破血流，战争将会赢得“非常轻松”。因此，即便是掌握了当时比较先进的武器技术，也不一定必然能够找到与这一先进武器技术相适应的作战方式，这也就是笔者在前文所说的武器技术只是为战术变革准备必要的物质基础，而战术变革应当由人来完成的道理所在。

从战术发展变革的历史来看，主导性军事技术的每一次进步，都会带来作战方式一定程度的改变。当量变累积到一定程度时，就会推动战术从一种形态到另一种形态的飞跃，从而实现战术的变革。但是，这种变革并不是一帆风顺、水到渠成的，很多时候会付出很多的生命甚至是战争失败的代价。而在缴纳高昂的战争“学费”之后，也才能最终学会如何更好地使用和发挥先进武器技术的优势，即军事技术最终强制性地改变了旧有的作战方式，从而完成了战术变革。这也就是恩格斯在《步兵战术及其物质基础》中详细阐述步枪技术发展对散兵线战术形成过程之后，写下的“技术决定战术”的著名论断。

（二）思维方式超越军事技术时，将引领战术变革并牵引技术发展

马克思主义认为，存在决定思维，实践是第一性的，思维是第二性的。马克思、恩格斯是针对人类历史发展的宏观进程得出的这一论断，他们也同时指出思维对存在具有反作用。在一定的历史时期，某一思维方式将占据主导地位，这一思维方式取决于人类生产实践，可能最先在科学研究领域产生，如牛顿的科学理性思维，也有可能在战争领域最先产生，如春秋中后期逐渐兴盛起来的谋略思维，之后逐渐向人类生产生活的其他领域渗透并影响到社会实践的各个领域各个方面。因此，就思维与存在的整

体性关系而言，存在决定思维是毫无疑问的，但就某一领域的特殊思维方式而言，并不一定必然如此。

关于这一点，无论是在科学界还是在军事领域，也都有类似的观点。如，万维钢博士在为《思维简史》的推荐序言“科学家的核心价值观”中写道：“中国有很多人认为生产生活方式决定人的思维方式，然后思维方式才对生产生活有一点——有限的——指导作用。可是仔细考察人类历史，似乎并不是这样。在真实历史中思维方式总是先行，是先有了思维方式的重大改变，才有了生产生活的重大改变。”① 被誉为美军“新军事革命之父”和“思想机器”的国防部基本评估办公室前任主任安德鲁·马歇尔也认为，军事革命能否成功并不取决于技术高低，而取决于是否能够发展出有效利用技术的作战理论以及与技术相适应的作战编制，其中的根本问题是思想问题。马歇尔所说的思想问题，其实就是思维方式。回顾文艺复兴以来科学的发展进步，每一个重大理论的提出，无不是传统思维方式变革的结果。牛顿如果不能打破中世纪神学套在人们头脑上的精神枷锁以及由此而形成的思维定式，他也就不可能创立经典力学。同样道理，如果爱因斯坦始终囿于牛顿的科学理性思维范式，他也很难取得相对论这样重大的理论突破。在战术发展变革历史上，这样的例子并不少见。16 世纪末，英国军队在要不要装备火绳枪的问题上，曾经有人专门向枢密院提交研究报告，比较了长弓与火绳枪的优劣，认为长弓是一种从携带到使用再到维护保养都比较方便的武器，而火绳枪技术非常复杂，很容易发生故障，又比较沉重，容易疲劳。从射击速度上说，长弓在 1 分钟之内可以射出 6 支箭，而火绳枪发射 1 次就需要 2 分钟，但英国当时的执政者并没有听从这种建议，而是进一步坚定了变革的方向，不断创新完善火器，让其取代长矛和长弓，从而率先进入火器时代。

思维方式引领战术变革并牵引技术发展，在当今的颠覆性技术研究发

① ［美］伦纳德·蒙洛迪诺. 思维简史——从丛林到宇宙［M］. 龚瑞，译. 北京：中信出版社，2018：XI.

展上可能表现得尤为明显。一方面，战争形态加速向信息化形态演变，基于网络信息体系的联合作战成为基本作战方式，世界各国都在努力补齐网络信息体系、武器装备系统等短板、弱项，不断强化体系作战能力；另一方面，在打赢眼前战争的同时，更加注重从理论和技术两个方面设计未来战争，抢占未来军事技术制高点，特别是以美国为代表的军事强国，加速发展超高音速、超远程武器和人工智能技术，同时也更加注重作战概念创新。这与几千年以来的战术变革相比呈现出不同的模式，即不再是军事技术出现并物化为武器装备之后，由战争实践驱动被动地进行变革，而是人们已经越来越清晰地意识到必须进行思维的自由创造，即通过思维创新引领技术发展和促进战术变革。只有这样，才能在未来战争中立于不败之地。

（三）思维方式契合军事技术时，战术将处于相对稳定的发展状态

战术变革完成之后的一定时期内，在下面三种情况下，战术变革将处于稳态阶段：一是主导性思维方式没有发生改变；二是出现新的武器技术，但这种武器技术不是主导性武器技术；三是新出现的武器技术虽然是主导性武器技术（主战兵器技术），但还没有占据主导地位，即没有得到大规模的应用。这样就不会引发战术的质的变化，即战术保持稳态而不发生明显的变革。

从公元前2900年前后产生苏美尔方阵起，直到普法战争（1870—1871年）中散兵线战术正式形成，在长达近4800年的时间里，无论是东方还是西方，战术始终在围绕着“阵”作不同的变换，无论是方阵、圆阵、雁行之阵，还是诸葛亮的八阵图、戚继光的鸳鸯阵和三才阵，以至于中国古代的兵法主要是集中在对排兵布阵的研究上。这一漫长的历史时期，除了中国春秋战国时期因礼崩乐坏而谋略思维大行其道，从而推翻了礼制思维束缚下的列阵对攻确立了诡道奇谋的战术之外，其间虽然有无数

次的战场厮杀和众多朝代的更迭，但战术却始终处于稳态，直到火器成为战场上的主导性武器装备，“阵”才彻底退出历史舞台。这一时期由于人们认识能力受限，对外在世界的认识是直觉的、朴素的，在人们的思维观念中形成了朴素的整体辩证思维，这一思维方式反映在战术上，即力求通过排列组合使兵力和兵器在空间和时间上形成错落有致的配置，力求在抑制对方的同时，集中己方力量，发挥己方优势战而胜之。这种思维方式与这一时期武器技术机动力弱、只有短兵相接才能释放武器效能的特点是吻合的。

公元 14 世纪开始，文艺复兴撕开了中世纪黑暗的大幕，按下了欧洲近代思想解放的启动键。其后的启蒙运动（17—18 世纪）则高举理性的旗帜，追求科学的真理和技术的进步，为火器技术的快速发展提供了强大的科学理论、技术原理，以及大规模工厂化生产的物质基础。这一时期，火枪从火绳枪、燧发枪、后膛枪、来复枪发展到步枪、机枪，相应的战术也从西班牙方阵、线式战术、纵队战术发展到散兵线战术，看似战术形态在不断地发展变化，但战术的核心并没有发生质的改变，只是战术形态在量上的积累，是积极运用科学技术发展成果、努力改进火器技术的过程中带来的战术形态的改变。所以笔者更倾向于认为这一阶段战术变革的核心是以技术制胜。那些取得成功而留名青史的火器技术发明者和改进者，以及众多经历无数次失败但却无缘成功的武器技术工作者，之所以醉心于改进和发明新的武器，表面上看是希望每一件武器都能达到尽可完善的状态，以克敌制胜，其背后则是科学的理性思维范式下对技术的不懈探索和苦苦钻研。

三、思维方式与战斗实践之间的矛盾运动

如果说武器技术为战术变革准备了必要物质基础的话，那么战斗实践则为战术变革提供了丰富的实践土壤，落后的战术体系在战斗实践中被淘

汰，先进的战术体系在战斗实践中获得胜利并进一步发展完善。战斗实践也成为检验战斗双方主体思维方式是否适合战争需求的基本途径和根本标准，而检验的结果必然对变革战术或者变革思维方式提出相应的要求。概括地说，战斗实践在战术变革中发挥着重要作用，既对战术变革提出实践要求，又对战术变革的成果进行检验，可以说，战斗实践既是战术变革的土壤，又是战术变革的检验标准。

（一）战斗实践是检验思维方式正确与否的根本标准

早在 1845 年，马克思在《关于费尔巴哈的提纲》中就已经提出了思维的检验标准问题，他说："人的思维是否具有客观的真理性，这不是一个理论的问题，而是一个实践的问题。人应该在实践中证明自己思维的真理性，即自己思维的现实性和力量，自己思维的此岸性。"[①] 这一重要论述十分清楚地告诉我们，思维不能依靠自身的力量检验其自身的正确性。毛泽东在马克思关于思维检验标准的基础上又进一步强调："真理只有一个，而究竟谁发现了真理，不依靠主观的夸张，而依靠客观的实践。只有千百万人民的革命实践，才是检验真理的尺度。"[②] 从而确立了"实践是检验真理的唯一标准"的重大科学论断。同样道理，思维方式作为思维框架、思维形式和思维方法的综合体，是否适合客观的战斗实践，不能在主观领域里寻找答案，不能由思维方式自己说了算，只能依靠战斗实践来检验。战术发展变革的众多事实也可以充分说明这个问题。英国军事理论家富勒早在 1919 年撰写的《1919 年计划》短文中，就已经认识到坦克即将给战术带来的重大变革，他认为，坦克用机械力取代了人力，提高了机动性；凭借护甲钢板挡住了枪弹，极大地提高了安全系数；坦克炮则使士兵增强了攻击力，提高了武器的杀伤力。他还写出了《装甲战》，提出了机械化战争的作战思想，这一思想在第二次世界大战中得到了充分验证。

---

① 马克思恩格斯选集：第 1 卷［M］. 北京：人民出版社，2012：134.

② 毛泽东选集：第 2 卷［M］. 北京：人民出版社，1991：663.

(二)思维方式落后于战争实践时，必然迟滞战术变革

人类以什么方式生产，就以什么方式作战，战争说到底不过是一种特殊的生产方式。社会生产力的进步和战争实践的发展，决定并推动着战术思维方式的发展与变革。但是，思维方式并不总是与战争实践同步，往往是在技术进步的强制性要求下被迫做出不情愿的改变。事实上，思维方式与战争实践之间总是存在着一定程度的偏离。这是因为，作为人类理解和把握客观事物的思维工具和思维活动样式，思维方式产生于人类生产生活实践，总是先有社会实践而后才产生与之相适应的思维方式。

当落后于战争实践时，思维方式必然会在战争实践中被改造，从而实现自身的变革。这也就是恩格斯所说的“所有的军队在打了几场败仗以后，都是非常善于学习的”[①]原因所在。在人民军队成长过程中，也曾因为指挥员僵化教条的形而上学思维而导致严重失利。如第五次反“围剿”中，共产国际代表奥托·布劳恩（中文名李德）受中共中央临时负责人博古委托全权指挥红军作战，布劳恩不顾红军和根据地实际，坚持御敌于国门之外的作战方针，机械地将在苏联伏龙芝军事学院课本上学到的条条框框简单照搬到反“围剿”作战中，坐在屋子里按地图指挥红军节节抗击国民党军，结果导致作战接连失利，红军被迫撤出根据地进行长征。对此，毛泽东曾尖锐地批评说，李德这种只知道生搬硬套在苏联有效而在中国却行不通的战略战术的做法，使我们吃尽了苦头，也使红军付出了惨重的血的代价。李德的失败表面上看是败在错误的战术上，而实质上则是败在形而上学的思维方式上，没有将课本上的理论与中国革命战争的具体实践有机结合起来，将“条令”当成了“教条”。

如果思维方式落后战争实践，思维停滞在旧式武器的时代，即使拥有先进的武器装备，也打不出先进武器的技战术性能，从而产生“拿着步

---

① 马克思恩格斯军事文集：第 2 卷［M］. 北京：战士出版社，1981：508.

枪当棍耍”的笑话。1980 年 9 月 22 日，伊拉克和伊朗之间爆发了两伊战争，战争持续到 1988 年 8 月结束。作战双方都使用了当时比较先进的武器如苏式米格-25 战机、美式 F-4、F-14 战机、法式幻影战斗机，以及飞毛腿、飞鱼导弹等先进武器，甚至还使用了化学武器，但双方都采用了极其原始的人海战术，不会使用武装直升机、特种作战等新型力量，结果把战争打成了拼国力、拼人命的拉锯战、消耗战，造成 270 多万人伤亡。这场战争也因此被世界军事理论界称为“用最先进的武器打的最原始的战争”。

在导致战斗乃至战争失利的结果之外，思维方式落后导致的更严重的后果是对即将到来的战术变革“视而不见”，盲目地沉浸在旧有的作战方式和过去的胜利中，认不清甚至排斥新技术兵器的使用，对一些新的作战思想及其代表人物进行嘲讽和打压，即便成功如古德里安，在早期进行坦克作战试验时也曾被参加过“一战”的老兵嘲笑，被冯·纳茨默尔将军、奥托·冯·施蒂尔普纳格尔将军，以及当时德国陆军部的领导不理解、不信任和各种嘲讽，所幸古德里安坚持自己的判断。而在同时期的英法两国特别是英国，富勒的装甲战思想就只能静静地躺在书柜里，守旧的思维方式战胜了创新的思想，富勒等人也只能眼睁睁地看着数千辆坦克被分散配属给步兵使用和支援炮兵，从而错失合同战术变革的先机。这种守旧的思维方式如果从哲学思维方式的层面来理解，就是认为世界是静止的、孤立的形而上学思维方式。

（三）思维方式领先于战争实践时，催生新的作战理论

关于思维与存在的关系，是费尔巴哈哲学产生之前旧唯物主义和唯心主义争论了两千多年的主题。旧唯物主义和唯心主义均采取了“归并”的方式来解决，即认为思维与存在是对立的两极关系，二者非此即彼，起决定性作用的只能是其中一方，另外一方必须由起决定性作用的一方所规定，最终也必须归结于它。费尔巴哈则从人入手，指出：“思维与存在的

统一，只有在将人理解为这个统一的基础和主体的时候才有意义，才是真理。”① 即将人作为其哲学的基础和核心，从而彻底撇清了与旧唯物主义和唯心主义的区别，确立了唯物主义的“基本内核”，而这一基本内核也被马克思合理地承继和汲取。

因此，我们在把握思维方式与战争实践之间关系的时候，一般认为是战争实践决定思维方式，人们也总是从已经发生过的战争实践，即感性具体中来概括和抽象出战争的一般规律，完成对战争的认识的第一阶段。然而到这个地方，人们对战争的认识并没有全部完成，还需要进一步将抽象上升到具体，使抽象的规定在思维中完成具体的再现，形成思维具体。就人们认识战争的第一个阶段而言，战争是唯一现实的，人们在认识战争的过程中形成关于战术的思维方式，然而如果认识到此戛然而止，那么思维方式不可能领先于战争实践。事实上，在认识的第二个阶段，即从抽象上升到具体的过程中，人们在思维中把握战争这一客观对象各方面的本质及这些本质之间的内在联系和相互作用，把握住战争“更丰富、更深刻的具体内容”。而一旦把握住了战争更丰富、更深刻的具体内容，主体的思维方式就已经超越了当前的战争实践，自然也就能够穿透“战争的迷雾”，比较准确地把握战术的未来发展，从而创造性地提出具有真正见地的作战概念或作战理论。

（四）思维方式适应战争实践时，形成最为合适的作战方式

思维方式适应战争实践，也就是哲学上常说的主观与客观相一致。这里的“主客观一致”是一个问题的两个阶段，第一个阶段，是战争的客观实际在人们头脑中的主观反映，这是学习阶段。毛泽东在《中国革命战争的战略问题》中曾经说过：“军事的规律，和其他事物的规律一样，是客观实际在我们头脑中的反映，除了我们的头脑以外，一切都是客观实际的

① 费尔巴哈哲学著作选集：上卷［M］. 上海：上海三联书店，1959：181.

东西。”[①] 而客观实际在人们头脑中反映的过程，亦即人们沿着头脑中既有的思维框架、思维路径和思维方法去认识战争、把握战争的过程。在这个过程中，人们头脑中的“先验的结构”可能并不完全符合战争实践，人们在认识和把握战争规律的过程中同时也在改造自己的主观世界，从而构造出与战争实践相适应的新的思维框架、思路路径和思维方法。第二个阶段，从表面上看是依据前一阶段认识掌握的战争和战斗规律去决定自己的战术和行动，打败当前的敌人，这是战术的具体实践；而从主体头脑中的思维运动来分析，其实应当是沿着前一阶段形成的新的思维框架、思路路径，采取与之相应的思维方法，运用战争和战斗的规律，研究和选择适合当前战斗的最为恰当的作战方式和战斗方法。两个阶段统一于具体的战斗实践中。

在中国革命战争的伟大实践中，毛泽东就是运用唯物辩证思维，在不同阶段、针对不同作战对手，指挥我军灵活采取相应的战略战术，坚持有什么武器打什么样的仗、对不同的敌人打不同的仗、在什么时间地点打什么时间地点的仗，将人民军队的劣势装备、广大官兵的战斗精神、不同的战场环境和广大人民的拥护支持有机地聚合起来，迸发出了最大作战效能，从而始终牢牢掌握战场主动权，赢得一个又一个的胜利。土地革命战争时期，在毛泽东领导下，红军进攻时主要采取袭击，特别是伏击的战法歼灭敌人，防御时则诱敌深入在运动中歼灭敌人，充分利用了敌之劣势我之优势，创造出了“敌进我退，敌驻我扰，敌疲我打，敌退我追”的游击战术。抗日战争时期，红军的主要任务不是独当一面，而是钳制敌人大部、消灭敌人一部，由此将游击战确定为抗日战争的战略方针，红军在敌人后方和翼侧独立自主实施山地游击战，并详细地阐述了对驻止之敌实施袭击的“十二条”战术要领和对运动之敌实施伏击的“十八种”具体方法。进入解放战争后，根据敌我力量此消彼长和战场形势发展变化，在集

① 毛泽东选集：第1卷［M］. 北京：人民出版社，1991：181-182.

中兵力和包围迂回的基础上，进一步发展为集中优势兵力、火力，选敌弱点实施突破，大分割、小包围，实施钳形突击，特别是发展了步炮之间，有时还有工兵和坦克兵之间的协同方法，速决歼敌，在基本作战方式上也从游击战发展为运动战和阵地战。

四、新旧思维方式之间的矛盾运动

思维方式具有鲜明的时代特征，在不同的历史时期思维方式有着不同的内容和形式。作为一种具有很强创造性的活动，人在主动参与战术变革、促进战术变革的过程中，主体自身的思维方式内部也存在着新思维与旧观念、新理论与旧习惯之间的矛盾冲突。这一矛盾运动影响着战术变革的进程，其结果是思维方式变革，即新的思维方式取代旧的思维方式开始占据主导地位。

（一）新旧思维方式之间的矛盾运动影响战术变革进程

思维方式是历史的产物，不同时代的思维方式具有完全不同的形式和内容。随着时代进步和人类实践发展，不适应人类实践和社会生产力发展的思维方式最终被适应时代发展的新的思维方式所取代，这是必然的。但是，和打扫房子一样，扫帚不到，灰尘不会自动跑掉。旧的思维方式与即将取代它的新的思维方式之间存在着你死我活的激烈斗争。斗争的时间长短、激烈程度等对战术变革的进度、速率会带来直接的影响。而这种斗争取决于以下几方面因素：

1. 战术主体的认知能力和认识程度

战术主体对军事技术理解越深刻、对战争实践体悟越直接、对作战理论把握越准确，就越能准确地预测作战方式即将发生的变革，从而主动转变自身思维方式，使之适应军事技术发展与战争实践需要，同时积极投身并促进战术变革的发生发展。关于这一点，英国军事理论家李德·哈特曾在《第二次世界大战战史》中这样评论古德里安："任何一种新观念，由一个具有活力的执行者来加以执行，往往即足以产生决定性的效果，……古德里安曾经自述，在战前使用独立装甲部队来作深入战略性贯穿的理想是如何地点燃了他的幻想。……大多数较高级的德国将领对于此种新观念的怀疑程度，并不亚于英法两国的当局——他们认为这在战争中是不可能实现的。但当战争来临时，古德里安却不顾其上级的怀疑，抓住一个机会就把这种理想实现了。其效果之具有决定性正像过去历史上的许多其他新观念一样……其决定性是显得极具神效的。"① 这也充分地说明战术主体对战争实践和战术发展的认识越深刻，推动战术变革就越自觉。

2. 军事技术发展进步的速度

军事技术革新的速度影响着思维方式更新的速度。军事技术革新速度越快，人们就越能适应军事技术革新给作战方式变革带来的影响，从而主动变革自身思维方式。在漫长的冷兵器时代，军事技术更新迭代的速度很慢，甚至在很长时期内几乎没有什么决定性的变革，战术主体的思维方式也就始终停留在谋略思维上，直到文艺复兴之后牛顿创立科学的理性思维范式，步兵武器也从最初的燧发枪发展到线膛枪。但散兵群队形最初的形成是兵士本能反应的结果，是违反了指挥官意志的。那个时代，技术发展是缓慢的，人们常常是被动地转变以适应技术变革和战斗实践，而到了今天，智能技术严格意义上还没有在战场上投入使用，但是，人们对智能作战、智能化战争的研究已经如火如荼地提前展开了，这其实也恰恰反映出进入20世纪后军事技术的快速发展已经深刻地影响到了人们的思维方式。

3. 距离上次战争的时间

① 李德·哈特. 第二次世界大战战史［M］. 钮先钟，译. 上海：上海人民出版社，2009：66.

战争经验由鲜血和生命凝结而成，因此弥足珍贵。但也正因为如此，人们往往将上一次战争所取得的经验视若珍宝而舍不得放弃，久而久之，就形成了比较固定的思维定式。所以有人就说，比向军人灌输一种新思想更难的是改变他的旧思想。而且这种改变，往往是距离上一次战争时间越远就越难改变。任何一支军队，远离战争的时间愈久，缺乏战火洗礼和硝烟考验的时间愈久，也就越容易墨守成规和拘泥形式。正如1866年恩格斯在《德国战争短评》中所说："普鲁士已有五十年没有进行过大规模的战争，它的军队整个说来是一支和平时期的军队，因而具有一切和平时期的军队所特有的那种拘泥形式和墨守成规的缺点。"[①] 然而，任何两次战争、战斗都不会完全相同，简单套用上一次战争或战斗的胜利经验必然会招致失败，这已经被多次战争和战斗实践所证明。

4. 旧有思维方式的抵抗力量

新旧思维方式之间的矛盾发展，除了思维方式本身的对立、转化之外，还受到两种思维方式的代表人物、代表力量的影响。一般情况下，新的思维方式如同新生事物一样，往往在初始阶段的代表力量比较弱小，而旧有思维方式的代表力量则比较强大。旧有思维方式的代表力量越强大，对新的思维方式产生的抵抗力就越大；新的思维方式的代表力量越强，则取代旧有思维方式的速度愈快、时间愈短。公元前307年，赵武灵王在与北方楼烦、东胡、匈奴等少数民族作战过程中，深刻认识到骑兵对步兵"来如飞鸟、去如绝弦"的明显优势，面对绝大多数国人"顺中国之俗、恶变服之名"的强大抵抗力量，毅然决然地舍弃中原圣贤之教、礼乐之用，"袭远方之服，变古之道，逆人之心"，实行胡服骑射，这一重大举措对重服饰礼仪的中原传统思维观念形成了重大冲击。从表面看，这是先进的骑兵战术对落后的步兵战术的胜利，但从精神层面说，首先是以赵武灵王、肥义等为代表的先进思维方式与以公子成为代表的传统思维方式之间

① 马克思恩格斯军事文集：第5卷［M］. 北京：战士出版社，1981：60.

的较量，赵武灵王最终占据上风，以强力推动的方式建立了强大的骑兵队伍。这次新旧思维方式的交锋也说明了一个道理，即只要有坚定的信念、给予足够的尊重，抗拒终将转化为支持。而一旦新的思维方式被战斗实践证明，就确立了它的主导地位。

（二）新的思维方式是对旧有思维方式的扬弃

笔者结合战术变革所处的时代背景和当时社会的主导思维方式，在第 2 章“战术变革与思维方式发展演进的基本脉络”中提出了战术变革中作用体现比较明显的六种思维方式，即朴素的整体思维、谋略思维、科学理性思维、系统思维、唯物辩证思维和探索性的演绎思维。这些思维方式并不是完全割裂的，而是一脉相承，在继承中发展演变，又内在地统一于战术变革实践。

1. 思维方式是社会生产和战争实践发展的产物

每一个时代都有反映这个时代主题、体现时代精华的时代精神，以及形成时代精神的实践基础和思维方式。在战术变革的不同历史时期，不同的思维方式在其中发挥过重要作用。社会生产实践发展变化、战争实践发展变化决定和推动着思维发展与演变，思维方式的发展演变不过是社会生产方式和战争实践在观念形态中的再现。比如，谋略思维的兴起与春秋末年王室衰微、诸侯争霸的时代主题密不可分，以至于以苏秦、张仪为代表的纵横家能自成一派，各诸侯主不过是将战争作为建立皇图霸业的一种手段，赢得战争的胜利是作战双方追求的最高目标。为了这一目标，不能固守军礼，更不能有妇人之仁。为了战胜对方，谋略逐渐成为主导人们思考和处理作战问题的思维原则，诡道权谋就成为不二选择。

2. 新的思维方式从旧有思维方式中脱胎诞生

唯物辩证法历来主张事物的发展是事物内部各种因素自己运动的必然的结果，反对用孤立的、静止的观点去看世界。在思维方式的发展演变问题上，也必须贯彻运用唯物辩证法的立场和观点。从思维方式自身的转换和变革来看，是一个不断自我否定、自我学习、自我革命的过程，新的作战思维方式从旧有思维方式不适应人类战争战斗实践的裂缝中开始萌芽，并随着人类战争战斗实践不断发展成长，最终完成否定之否定的螺旋上升过程。比如，马克思创立的唯物辩证法以及运用它认识问题、分析问题、处理问题的唯物辩证思维方式，就既有古代朴素的辩证思想的早期基因，也有对黑格尔唯心主义辩证法“合理内核”的批判吸收；既有从费尔巴哈那里承继过来的唯物主义，也有自哥白尼、伽利略就开始持续努力冲破宗教神学束缚而带来的思想解放和科学精神。

3. 新的思维方式主导战术主体的认识与实践

思维方式不是唯一的、独断的、排他的，任何时代除了代表该时代精神和时代主题的主导性思维方式之外，往往还有其他类型的思维方式存在。在同一时代，往往是既有从历史上承继过来的旧有思维方式，也有与社会生产和战争战斗实践相协调的新的思维方式，可能也存在带有某种“超现实性”的思维方式。其中，新的与社会生产和战争战斗实践相协调的思维方式最终将成为主导性的思维方式，主导人们对战术的认识与实践。但是，从战术变革具体展开和实现过程中思维方式的运行来看，往往是对主导性思维方式及其他思维方式的综合运用，这其实也从一个侧面说明，新的思维方式并不是对旧有思维方式的彻底否定，一种思维方式不占主导地位，也并不代表它就完全退出历史舞台。

（三）新旧思维方式之间的矛盾斗争与相互作用

恩格斯指出："在思维的领域中我们也不能避免矛盾。"[①]他还以人的内部无限的认识能力与外部有限的认识局限之间的矛盾为例，指出思维内部的矛盾是在无穷的运动中不断得到解决的。同时，按照唯物辩证法的观点，在解决旧的矛盾的同时，又不断产生新的矛盾。在战术变革与思维方式的矛盾运动中，新的思维方式与旧有思维方式之间始终处于矛盾运动之中。思维方式与人类战争和战斗实践的相互背离是一个从产生裂痕，到裂痕不断扩大，再到彻底决裂的过程。它们之间的矛盾运动过程大致可以描述如下：

首先，人们按照社会的生产方式以及与之相应的思维方式来认识战争、组织战斗，在这一过程中人们对战斗规律的认识逐步固化下来形成相应思维方式，并用以指导战斗的组织实施。

其次，由于新的军事技术出现，或者由于人们对战争本质规律认识的深化，人们对作战方式提出了变革的客观要求，同时也产生了新的思维方式的萌芽，但多数人仍然按照原有的思维方式认识和指导实践，导致战斗实践与思维方式之间开始出现裂痕。但由于新的军事技术还没有成为主导性武器技术，或者人们对作战理论的认识尚未完全统一，这道裂痕处于继续扩大但还不至于彻底决裂的阶段。

第三，新的思维方式的萌芽不断生长发展，而旧有思维仍然占据统治地位，新旧思维方式之间的矛盾冲突更加激烈，新的思维方式的代表性人物在战斗实践中不断尝试改变原来的作战方式、采取和运用新的作战方式。

第四，新的思维方式最终通过战争和战斗实践证明其正确性、先进性，从而开始在人们头脑中占据主导地位；旧有思维方式在战争和战斗实

① 马克思恩格斯选集（第3卷）[M]. 北京：人民出版社，2012：498-499.

践中被证明是落后的、与新的战争和战斗实践发展是不相适应的，从而被迫让出其原有的在人们头脑中的统治地位，新旧思维方式之间的矛盾斗争以新的思维方式的胜利而告一段落。

最后，新的思维方式在新的军事技术发展和战争、战斗实践发展过程中，也逐渐显示出其不相适应的一面，从而产生裂痕，同时产生了另外一种新的思维方式的萌芽，新的思维方式成为旧的、落后的思维方式，而刚刚萌生出的新的思维方式一旦诞生即显示强大的生命力，从而开启新旧思维方式之间矛盾斗争的新的循环过程。

本章结论

根据唯物辩证法的观点，矛盾存在于一切客观的事物和主观的思维过程之中，贯穿于一切过程的始终。按照这一观点，**战术变革是战术内部矛盾发展不可调和的产物，推动战术变革的主要力量与阻滞战术变革的主要力量之间的矛盾运动构成了战术变革的基本矛盾运动**。从战术变革思维方式发展演变的主要线索来看，推动战术变革的主要力量主要来自军事技术，也可以是先进的思维方式；阻滞战术变革的主要力量一般来自人们没有完全认识到新型军事技术装备给作战方式带来的革命性变化，即与时代发展不相符的落后的思维方式。换一句话说，**主体思维方式与军事技术发展水平不相适应的矛盾构成了战术变革的主要矛盾运动，主导着战术变革的进程**。这一矛盾之外，思维方式与战斗实践之间的矛盾、新旧思维方式之间的矛盾等也影响着战术变革的进程。

第4章 战术变革活动中思维方式的功能分析

认识和实践是人类的两大活动，思维方式对这两大类活动中的思维活动发挥着规范、组织、调节的作用。战术变革活动既包括主体对战术变革的认识过程，也包括认识之后对战术的变革实践。思维方式在战术主体的头脑中一旦形成并固化，就成为控制战术主体认识活动与实践活动的意识性机制，即以“先验的结构”先行“规范着思维对象、思维主题的运动方式、思维结果的存在方式和表达方式”①，并按照一定的方式、沿着一定的路径组织战术主体的思维活动，使其能够在既定规范的指导下进行，同时，对偏离预定方向和路径的思维活动适时进行调节，确保其在既定轨道上运行。本章主要从战术变革认识和战术变革实践两个方面研究和探索思维方式的具体功能运作。

一、思维方式在战术变革认识活动中的功能

马克思认为，思维方式在逻辑上先于认识活动而存在，是认识活动展开之前头脑当中既有的“先验的结构”。因此，人们对战术及其变革的认识总是在战术主体既定思维方式的控制和支配下展开的。在确定认识战术

---

① 陈中立，杨楹，林振义，等. 思维方式与社会发展［M］. 北京：社会科学文献出版社，2001：229.

的目的、选择认识战术的具体内容和方法路径，以及表达和评价认识结论等问题上，都需要战术主体头脑当中主导的思维方式来进行选择、组织、分析和判断。思维方式正是通过不断的选择、组织、整合、解释来完成对战术变革的认识活动。也正因为如此，认识活动才得以成为具有鲜明目的性和自组织性特征的活动。

（一）思维方式的选择功能

选择就是取舍，选取有用的、可行的，丢弃无用的、不可行的。但丢弃什么、选取什么，有一定的标准和尺度，这就是思维方式。思维方式的选择功能有时是有意识的、自觉的，有时是无意识、不自觉的。在战术变革认识活动中，战术主体的思维方式的选择功能主要表现在对思维对象和思维方法的选择上。

1. 选择思维对象

认识是一种对象性活动。所谓认识，就是认识一定的对象，没有对象也就无所谓认识。德国哲学家海德格尔曾经说过："思维在本质上总是思维某物，若竟思维'无'，那就不能不违反它自己的本质来行事了。"[①] 但思维对象是通过主体的思维的选择来确定的，这是认识的前提和基础。在战术变革认识活动中，思维对象可以是与战术变革相关的一切信息，但是并不是所有的信息都能够进入主体的思维空间成为思维的对象，只有进入主体思维空间的现象、事物或信息才转化为思维的对象，在战术主体的头脑中建立起主客体关系。

那么，什么样的信息能够进入战术主体的思维空间呢？这取决于战术主体的思维方式，准确地说取决于战术主体的认知结构和思维框架，不管是有意识的、自觉的选择，还是无意识的、自发的选择，与战术变革相关的信息都必须经过思维方式的"过滤和筛选"，只有那些主体认为重要

---

① 孙周兴. 海德格尔选集：上卷［M］. 上海：上海三联书店，1996：139.

的、有价值的信息才能够进入认识的下一个环节，而那些主体认为无关的、没有价值的信息就会被过滤掉。在大量的外部刺激中，人们接受的通常只是那些属于主体已有的、由知识和观念所构成的“坐标网”范畴内的东西，而往往抛弃了其余的信息。这里的“坐标网”就是我们所说的思维框架，所谓的“接受”和“抛弃”就是思维方式对外部信息的选择过程。如，在“一战”后对坦克战术运用的认识上，以英法为代表的主要国家和绝大多数军队指战员只选择了坦克对于打开突破口、实施散兵线战术有价值的防护力和部分打击力等信息，而过滤掉了坦克的机动力和大部分打击力信息。在这个认识的过程中，**散兵线战术就是一个“坐标网”，他们考虑的是如何将坦克这种全新的武器装备嵌入既有的散兵线战术体系，凡是与既有战术体系及其在战术主体头脑中形成的思维框架不相符的东西都被有意无意地筛选出去**。而这些被筛选出去的信息恰恰成为思维的“盲点”，那些抓住了这些思维“盲点”的人很有可能将打开另外一个思维的空间。

2. 选择思维方法

列宁在《哲学笔记》中曾经摘录过黑格尔的一句话，说：“在探索的认识中，方法也就是工具，是主观的某个手段，主观方面通过这个手段和客体发生关系。”① 在思维活动中，同样需要思维的方法，这是主体认识客体、解剖和分析思维内容的工具和手段。虽然目前人类还没有办法完全认识人脑的思维机能，但可以合理推断的是，认识对象一旦确定，就进入认识活动的第二个阶段，即选择思维方法，解剖和分析思维对象。这也已经被目前的认知科学所公认。也就是说，面对思维的对象，思维主体选择什么样的方法解剖对象，分析对象内部各种材料、要素之间的错综复杂的联系，就成为认识过程中至关重要的一环。思维方法主要有形式逻辑思维方法、辩证逻辑思维方法、形象思维方法，以及直觉、顿悟、灵感等创造性

① 列宁全集：第 38 卷［M］. 北京：人民出版社，1959：236.

思维方法，也包括“老三论”“新三论”出现之后的系统思维、信息思维、协同思维等思维方法。同样的思维对象，采用不同的思维方法，可能会产生完全不同的思维结果。而到底选择什么样的思维方法，这又受主体思维方式的制约。

我们仍然以“一战”后对坦克的战术运用为例来进行分析。英法军队在康布雷战役中成功运用坦克打开了德军坚固防御阵地的缺口，他们也认识到了坦克对于打开突破口的重要作用，虽然他们已经不自觉地运用系统思维的方法将坦克、步兵、炮兵、战术飞机等当时的主要兵种结合在一起，初步构建起了新的合同战术的力量体系，但在“步兵皇后”时代，他们以孤立的、静止的观点，也就是形而上学的思维方法来认识坦克、运用坦克，而不是以发展的、联系的、运动的观点来认识坦克，自然也就无法看到坦克这一新式武器装备的快速机动能力以及这种机动能力可能给战术带来的重大影响，而只能将坦克“嵌入”原有的战术体系。与此形成鲜明对比的是，古德里安从英国人富勒、李德·哈特等人的军事著作中汲取营养，这些著作也激发了他的想象力，再加上对战争史的研究和英国人的演练，以及他自己利用装甲模型进行演练所获得的经验，以至于到 1929 年，古德里安就已经“逐渐确定了一个理念，坦克无论是单独使用，还是与步兵一起使用，都不会具有决定性意义。……除非其他兵种也具备与坦克一样的速度和越野能力，坦克——这种一直被视为只能支援其他兵种的武器——才能最大限度地发挥其应有的效力”[①]。分析古德里安的自述，我们可以很清晰地看到，他既运用了想象思维方法，充分发挥了他的想象力，也运用了实验思维方法，借助于模型进行演练；既运用了系统思维方法，要求其他兵种也具备与坦克一样的机动速度和越野能力，以形成能够在各种地形快速机动的战术力量体系，也运用了分析与综合、逻辑与历史等辩证逻辑的思维方法，以战史研究为基础，将以上各种分析联系起来进行思

① ［德］海因茨·威廉·古德里安. 闪击英雄——古德里安将军战争回忆录［M］. 戴耀先，译. 北京：民主与建设出版社，2015：13.

考，从而准确地把握住了多数人的思维“盲点”，将对坦克的认识向前推进了一大步，即其他兵种也须具备与坦克相同的机动能力和越野能力，这应当是他后来建立装甲师的认知基础。当然，古德里安在这里选择运用的这些思维方法，可能是有意识的自觉的选择，也可能是无意识的自发的行为。

3. 选择对自身思维活动成果的评价结论

实践是检验真理的唯一标准。战术变革的认识成果，即思维活动的结果必须经过战斗实践的检验，才能证明其正确与否。如何选择思维活动成果的评价结论，是主体能否自觉转变思维方式的一个重要契机。如果主体认同思维活动成果的评价结论——来自他人的和来自实践的——那就意味着他承认了其他人的思维方式在思考这一问题上的合理性，这个时候也就可以说明主体思维方式的开放性；而来自实践的评价往往具有强制性，特别是战斗实践对战术主体思维方式的评价，战术主体在实践评价结论面前一般会做出相应的改变，区别只在于主体反应和做出改变的速度。正如恩格斯在《步兵战术的物质基础》中所说的那样：“纵队在敌人的弹雨下就已常常自行分散为这种散兵群，尽管上级把这种行为看作破坏队形而加以反对。兵士又一次表现得比军官聪明；正是兵士本能地找到了在后装线膛枪火力下至今仍然有效的唯一的战斗形式，而且不管长官如何反对，还是成功地坚持了这种战斗形式。”[①] 在这里，上级和长官的反对，其实就是在实践的评价结论面前，依然选择了坚守旧有的作战方式及旧有的思维模式。当然，这种坚持就是顽固和僵化的代名词，它注定不会长久。

（二）思维方式的整合功能

皮亚杰认为：“认识起因于主客体之间的相互作用，这种作用发生在

① 马克思恩格斯军事文集：第 1 卷 [M]. 北京：战士出版社，1981：46.

主体和客体之间的中途，因而同时既包含着主体又包含着客体。”[①] 从认识发生过程来看，经过思维方式过滤和选择的各种信息最终都汇聚到一起，这些信息必须经过系统的加工处理，才能最终整合到主体的思维结构之中，从而成为主体认识的一部分。这种加工处理的过程，其实就是思维方式发挥整合功能的过程。思维方式内含的思维框架、思维路径一旦形成，就具备了整合认识对象各种信息的功能。这种整合功能，往往表征着思维框架所具备的一种结构性的统摄作用，也就是说，能够对外部信息进行定向的结构化的同化。外部信息一旦经过筛选进入主体头脑，只有与主体既有的思维框架相“匹配”，才能被主体的思维图式所识别，并由此进入主体的思维框架，从而实现外部信息转化为主体的思维结构和观念形态。按照马克思主义认识论的观点，思维对外部事物信息的加工整合要经过两个阶段，即由感性具体到理性抽象，再由理性抽象到思维具体，从而完成认识的真正任务，即由感觉达到思维，把握事物内部诸要素之间的联系，进而掌握事物内部的矛盾和矛盾运动的规律。

不同的思维方式有不同的思维整合原则，如科学理性思维范式的整合原则是“一法两观”，即机械还原论方法和绝对时空观、因果对应观，系统思维方式则着眼于从系统有机性的角度来进行整合，唯物辩证思维坚持用发展的、联系的、矛盾的观点来分析事物、整合信息。以战术主体的礼制仁道思维对外部信息的整合为例，在我国春秋时期的礼制思维下，作战双方的信息是按照“礼”和“仁”的原则来进行整合的。泓之战中，宋襄公在泓水北岸列阵待敌，占据了有利地形，楚军半渡时，司马子鱼建议发动攻击，“半渡而击之”这一重要的战术原则和作战信息经过宋襄公仁义和礼制思维原则的加工和处理，整合进入了他“礼制仁道”的思维结构，就变成了“不推人于险，不迫人于阨，不鼓不成列”，即在敌人半渡时发起攻击是严重损害仁义的行为，仁义之师是不能做的，一定要等楚军

① ［瑞士］皮亚杰. 发生认识论原理［M］. 王宪钿，等译. 北京：商务印书馆，1981：23.

渡河列阵之后再发起攻击。同样的一件事，经过孙武的谋略思维原则的整合运作，就变成了“勿迎之于水内，令半济而击之”①的经典战法。泓之战三百多年后，韩信率汉军进攻齐王田广，田广败走高密向西楚霸王项羽求救。项羽派龙且率军救援，齐楚联军与韩信军对峙于潍水两岸。面对与宋襄公同样的隔河对峙，韩信不仅主动给了齐楚联军“半渡而击”的机会，更重要的是，他预先派人夜里到上游用沙袋把潍水堵塞，而后引军半渡进攻龙且，但佯败撤退，引诱齐楚联军渡河追击，待齐楚联军半渡时命人打开上游堵塞的沙袋，使龙且军大半不得过河，韩信迅即掉头攻击，再一次实施“半渡而击”。一次战斗，两次半渡而击，这都是韩信运用谋略思维对两军隔河对峙这一信息创造性地进行加工和整合的结果。当然，这其实已经涉及了思维方式的实践功能。但泓之战和潍水之战完全相反的战斗结果，也足以证明，按照不同的思维原则和方式进行整合，其结果会完全不同。

思维方式本质上是一种时代精神，因而有先进与落后之分，先进的思维方式的思维视角转换快，能够迅速捕捉到新生事物的敏感信息，并根据捕捉到的外部信息的变化及时调整认知角度和认知方法，解剖对象，获取新的认识成果。相反，落后的思维方式常常囿于传统习惯或定式，在整合外部信息时，往往把从外界获取的新事物、新现象、新信息纳入旧的思维框架中，从而限制了主体思维的直觉、想象、灵感等创造性活动。因此，要提高思维方式的整合能力，战术主体就必须进行深刻的自我反思，以自我革命的精神不断更新思维理念，汲取新的知识营养，始终保持自身思维方式的先进性。

（三）思维方式的阐释功能

鲁迅先生曾经说过，对于同一部《红楼梦》，经学家看到的是《易》，

---

① 《孙子兵法·行军篇》.

道学家看到的是淫，才子选择缠绵，革命家看见排满，而流言家往往关注宫闱秘事。可见，面对同一个对象，不同的主体会从各自不同的思维角度、沿着不同的思维路径、依据不同的价值标准做出不同的判断和阐释。在认识过程中，认识主体按照自己的思维方式和价值标准赋予认识对象一定的性质、意义、价值，这就是阐释。所谓阐释，就是把外部事物的相关信息纳入认识主体已有的思维框架之中，阐明这些信息同主体已有的知识系统相互联系和对接的意义，从而使主体获得对信息的理解，即完成外部事物解疑释惑的任务。“仁者见仁，智者见智”说的就是这个道理。这个道理的背后折射出同一客观事物经过不同思维主体的解释之后，会得到不同的价值意义。

1. 不同思维方式蕴含着不同阐释框架

思维主体在对外部世界即思维对象进行阐释时，要依据一定的观念体系和价值标准。也就是说，主体思维方式内在蕴含着的观念系统、理论体系为其自身的阐释活动提供了一套观念、概念和范畴，这些观念、概念和范畴就构成了主体阐释活动赖以进行的准则、标准、途径和方法，从而形成具有自身特色的解释框架。但是，不同的思维方式内在地蕴含着不同的阐释框架。据说，开普勒与其老师第谷两人同时看日出，他的老师第谷看到的是太阳上升，并解释说地球不动，是太阳在围绕地球转动；而开普勒看到的是地球在向下沉，并由此解释说太阳不动，地球在围绕太阳转动；两种不同解释的背后其实是“日心说”与“地心说”两种不同观念形态、理论体系以及由此所形成的两种不同的思维方式。关于这一点，美国科学哲学家托马斯·库恩在其“范式”理论中已经对思维方式的阐释功能给出了理论注解——不同“范式”在阐释同一现象时必然出现差异、不可通约。

类似的问题在战术领域也同样存在。1982 年 4 月 2 日，英阿马岛战争打响。5 月 4 日，英国舰队的骄傲——“谢菲尔德号”驱逐舰被阿方“超级军旗”攻击机发射的“飞鱼”导弹击沉。战后，英国在总结经验教训时认为，由于特混舰队缺乏机载预警雷达，“谢菲尔德号”无法将电子支援和电子对抗设备同舰上的作战情报中心有机结合成一个整体。因此，当舰载电子支援设备探测到来袭的“超级军旗”发射的“飞鱼”导弹后，不能及时对导弹来袭信息进行判断并采取行动。英军还认为，舰载965型对空警戒雷达是20世纪50年代初期设计的，提供数据速度太慢，探测高速运动目标时的性能很差；与965型对空警戒雷达联合使用的目标指示雷达，即为火炮和导弹指示目标的雷达，是992Q型S波段雷达，该雷达没有配备活动目标显示装置，还很容易受到杂乱回波的干扰。此外，“谢菲尔德号”装备的“海标枪”式舰对空导弹点火电路延迟，以及手工装弹，等等，又增加了反应时间。而同一时期，苏联海军人员则从战术的角度总结了阿空军频频得手的原因。苏军认为，阿根廷“海王星”式海军侦察机往往在英军GWS–30防空导弹系统杀伤区域以外活动，它能够预先将获得的目标数据转发给“超级军旗”攻击机，“超级军旗”攻击机在接近英军远程警戒雷达的警戒区时下降到40~50米高度，同时关闭机载雷达继续飞行，以每小时900千米的速度进入导弹发射区域。而后，在距英军舰艇46千米处时，“超级军旗”攻击机的飞行员将飞行高度提升到150米，机载雷达短暂（30秒）开机。飞行员利用这一短暂时间把目标数据输入“飞鱼”式反舰导弹计算机，并按下导弹发射按钮。发射之后，攻击机转弯并急剧下降到30米的高度，迅速退出英军GWS–30防空导弹系统的杀伤区。面对同一个问题，之所以会出现完全不同的解释，也反映出两种不同的思维方式，英军强调技术在作战中的重要性，而苏军因为深受马克思主义哲学思维方式的影响，而更加注重人在作战活动中的主观能动性。

2. 阐释活动遵循主客观相一致原则

在战术变革的认识活动中，思维主体的阐释活动都遵循主观与客观相一致的原则，而不管主体的思维方式是哪种类型。也就是说，思维主体在阐释战术变革相关问题时，不管是系统思维，还是谋略思维，不管是科学理性思维，还是唯物辩证思维，从思维主体自身的角度来看，尽管可能会因为其自身认知水平的局限而不一定完全符合战术变革的客观实际，但他总是在努力使自己的阐释尽可能地逼近战术变革的客观实际。因此，一般地说，思维主体的阐释活动是以一定的战术变革的客观事实为依据的，如果脱离了战术变革的客观事实，无限制地强化思维主体的主观意向，就可能致使阐释活动最终陷入主观臆断的境地而走向虚浮和纯粹的思辨。

思维方式在阐释客观对象时，依据客观事实，努力反映客观对象。然而，主观的阐释和客观的事实之间往往是有差异的，有时差异还很大，甚至是完全错误的。阐释的结果是否正确与恰当，思维方式本身是无法进行判断的，而必须回到战争或战斗的实践领域中接受检验。

3. 阐释能力受主体知识、观念和理论结构的制约

不同类型的思维方式的阐释能力是不同的，随着人类实践的不断深入，人们的认识能力不断增强，相应的阐释能力也不断提高。换句话说，思维方式的阐释能力与其在人类历史上形成的时间是密切相关的。同时，同一类型的思维方式，不同的思维主体在用以阐释客观对象时也表现出不同的阐释能力。比如，在抗日战争时期，有人看到的是“亡国论”，有人看到的是“速胜论”，然而毛泽东既驳斥了亡国论，也反对速胜论，而是提出抗日战争是一场持久战，并详细地解释了为什么是持久战。战争实践证明，毛泽东的判断是正确的，战争中敌我两方面的矛盾和国际环境的各种因素完全按照他阐释的那样发展变化。这既反映出了唯物辩证思维方式相对于机械决定论、盲目乐观论等具有更强大的释疑能力，也说明毛泽东相比于那个时期的其他人具有更强的释疑能力。

那么，思维方式的阐释能力为什么会不同呢？这首先取决于思维方式

本身是否合理、是否先进。先进的思维方式的阐释能力一定强于落后的思维方式。其次，取决于思维方式背后隐含的观念、理论、知识等因素的状况，知识掌握得越全面、理论理解得越深刻、实践经验越丰富，思维主体的阐释能力就越强。这也是不同的人在运用同一种思维方式时，会出现阐释能力差异的原因所在。英籍犹太哲学家迈克尔·波兰尼曾经描述了一个医科学生学习解释 X 线光片的过程——这个学生一边注视着置于病人胸前的荧光屏上的影迹，一边倾听着放射学家用专门术语讲述的这些影迹的有意义的特征。最初，这个学生是完全迷茫的。在他持续听了几个星期、细心观察不同病例的片子之后，他开始有一点儿尝试性的理解。接着，他逐渐忘掉了肋骨，开始能够看到肺。如果一直坚持下去，那么在他面前将会呈现出一幅有意义细节的影像，即生理变异和病理变化、疤痕、慢性感染，以及急性病的征候。由此，他进入了一个崭新的世界，现在这些 X 线光片已经变得有确定的意义了。这个学生之所以能从“看不到”到“看到”X 光片所显示的病理征候信息，就在于其理论知识和实践经验的不断积累，他的思维解释能力在不断增强。人们常说的“外行看热闹、内行看门道”说的就是这个道理。

海湾战争是第一场现代高技术条件下的局部战争，美国先进的技术让世界叹为观止，短短三个月就让拥有百万大军的中东军事强国伊拉克土崩瓦解。战争爆发之时，世界各国仍然沉浸在“二战”之后朝鲜战争、越南战争时期的机械化作战方式和思维模式之中，不少军事界的专家和评论员直呼“看不懂”。为什么会看不懂呢？其根本原因就在于用机械化战争的思维方式已经无法解释美军实施的电子战、长时间空袭和精确制导摧毁等作战行动，大空域、大纵深、立体化也远远超出了人们对作战空间的原有认知，机械化战争作战理论已经解释不了海湾战争的实践。因此，这场战争也被称为“打败了伊拉克、打醒了全世界”的战争。

这也再次证明，人们对战术变革的认识过程其实是一个主体运用既有理论结构、概念体系去把握对象、理解对象和解释对象的过程。当原有的战术理论结构和概念体系对战斗力量、战斗空间、战斗方式、战斗行动等无法做出合理的解释或根本解释不了的时候，就需要获取新的知识、创造新的概念、提出新的理论，就需要突破主体原有思维方式提供和限定的阐释框架，提高思维方式对战术领域新事物、新现象的解疑释惑能力。当旧有思维方式已经无法容纳新知识、新概念、新理论的时候，也就需要从根本上打破这种思维方式，重新建构新的思维方式。正如前面所提到的海湾战争，机械化战争的作战思维方式无法解释时，人们就创造性地提出了高技术战争的概念以及与之相配套的理论框架、概念体系，并逐渐固化成高技术战争的思维方式。

二、思维方式在战术变革实践活动中的功能

学习和认识战斗规律不容易，运用战斗规律指导战斗实践、推动战术变革更加不容易。毛泽东在《中国革命战争的战略问题》中指出："战争的学问拿在讲堂上，或在书本中，很多人尽管讲得一样头头是道，打起仗来却有胜负之分。"[①]古时有纸上谈兵和失街亭的惨痛教训，我军的战争史和战斗实践，也都证明了这一点。这也说明，知与行、理论与实践、主观与客观之间还存在着一个科学的、正确的转换、对接问题，也就是把主观认识客体化的过程。在这个转换和对接过程中，主体的思维方式通过其重构、评价、调控等功能架起主观通往客观、理论通向实践的桥梁。

（一）思维方式的重构功能

战术实践是主观见之于客观的活动。人们在战斗实践活动基础上获得的关于战斗规律、战术原则的认识和理论则是抽象的、具有普遍意义的。

① 毛泽东选集：第1卷［M］. 北京：人民出版社，1991：178.

这些抽象的、具有普遍意义的理性认识与具体的战斗实践活动之间总是存在着一定程度的不切合性。如，作战条令是关于战斗规律、原则的具体展开，但是，在真正的战斗实践中，一方面，指挥员如果严格按照作战条令来摆兵布阵，必然会犯教条主义的错误，所以有人说“作战条令是唯一允许违反的条令”；另一方面，每一次战斗，敌情、我情、战场环境等构成战斗条件的各种因素都不相同，也不可能用抽象的、具有普遍指导意义的作战条令来直接确定战法、编组兵力、构想作战行动。要使抽象的战斗规律和战术原则对战斗实践发挥作用，达到理论与实践的具体的、历史的统一，主体就应当在头脑当中将战斗规律和战术原则转化并构造出具有明确目的和详尽方案的具体的、可直接操作的组织战斗的程序、方法、标准、要求等。

1. 战术变革是理性认识通过思维的重构而进行的外化与物化

马克思主义认为，实践活动是主体有意识地改造客观世界的活动。换句话说，实践活动是有目的的，人们在将主观目的转变成客观实在之前，首先应当在思维活动中构造出实现目的的具体过程、方法、结果等可供操作的“蓝图”。同时，实践活动赖以进行的理论也需要在思维活动中预先完成观念上的建构。

因此，**实践活动所追求的实际上是事物发展的“应然”状态。战术变革更加如此，我们很难想象战术主体在人与武器技术结合的具体方法与编组形式，以及如何在战斗中使用这些力量编组上，不首先进行一番观念上的建构和设计。简单地说，就是很难想象战术变革仅仅依靠军事技术进步推动就能“自动”进行**。战术主体对战术变革之后的“应然”状态的确定，是以准确、完整地把握“新的战斗形态是什么”为根据的，如果缺乏对“新的战斗形态是什么”的理解和把握，那么，经过思维方式转换而来的观念化的战术原则，以及据此建构出来的战斗的基本方法和具体的战斗行动构想，就会失去它可行性的基础和保证。当然，这种可行性的基础和保证又是基于主体对战术变革本质与规律的深刻认识而得到的。可是，即便准确把握住了战术变革的本质与规律，创造性地提出了符合战术变革趋势的新的作战理论，如果没有经过思维方式向战术实践的观念化的转换，也就只能停留在理性认识阶段而产生不了实际效应。从这个意义上说，作为主体客体化的活动，战术变革的具体实践，实质上就是理性认识通过思维方式的“转化”和“建构”而不断进行的外化与物化。

2. 战术变革是主体从作战理论转换并构造出可行方案的具体过程

战术变革既是一种战术实践活动，但又高于一般的战术实践，是战斗形态从量变累积到发生质的突变的关键性活动。在这个突变性的关键活动中，主体在思维观念中对变革后的力量编组、作战方式、战斗行动等完成了观念化的设计，明确了“做什么”以及“怎么做”，即实践观念先行。这是战术变革得以展开和实现的必备条件，也是战术变革作为一种主体自觉参与的创造性活动的显著特征。

我们仍然以古德里安创造闪击战术的过程为例来进行说明。在古德里安之前，早在1916年坦克首次投入作战之前，1915年10月到1916年2月期间，坦克的设计者欧内斯特·斯温顿上校就写出了《坦克使用备忘录》，提出了坦克运用的十大原则。[①] 接下来，富勒在《1919年计划》和《机械化战争论》等著作中高瞻远瞩地提出了装甲战的全部学术观点，而在同一时期的苏联，图哈切夫斯基提出的“大纵深作战理论”其实是苏联版的装甲战理论。应当说，这些理论为闪击战术的诞生和坦克集群快速突击战术的变革完成了理论上的准备。那么，古德里安又是如何把这些当时

① 参见曾苏南、程传会著的《纵深攻击的昨天、今天和明天》(军事科学出版社，1998年)，这十大原则是：一是通过随伴步兵有线电话建立指挥员与坦克之间的通信；二是与支援飞机或反炮兵火力协同作战；三是不零星使用；四是选择便于发挥坦克战术性能的攻击地段；五是应隐蔽机动至进攻出发线，进攻应在拂晓时进行；六是应采取坦克引导步兵的方式发起攻击；七是坦克攻击方向应指向敌纵深目标；八是坦克应不停顿地攻击前进，直至突破敌炮兵阵地；九是周密组织战斗勤务保障；十是尽最大可能用烟幕掩护坦克进攻。

不被绝大多数人接受和认可的关于坦克作战运用的理论转换成具体的、可以操作的东西，并“构造”出闪击战术的呢？

1922 年，古德里安在参与德军由冯·奇希维茨将军领导的关于汽车运输部队作战运用的研究项目时，碰到了运动战中如何对输送车辆进行有效防护的问题。当时解决这一问题的唯一有效的方法，即利用装甲车辆进行输送。于是，他开始搜集装甲车辆方面的资料和事例，在这一过程中，他接触并学习了英、法关于坦克及坦克作战的资料，也接触到了富勒、哈特等的装甲战理论。这促使他走上了对坦克研究进行尝试的道路。

1923 年到 1924 年冬，古德里安负责试验摩托化部队与航空兵协同运用可能性的演习，并主持了一系列关于坦克和骑兵协同执行侦察任务的演习。

其后，在为参谋部预任参谋讲授战争史和战术课程时，古德里安深入地研究了拿破仑战争，并从中把握住了机动作战的精髓。

1928 年，在讲授装甲车战术过程中，古德里安通过理论研究，以及借助装甲车模型进行的演练，非常清楚地看到了坦克在现代战争中的运用前景。

1929 年，古德里安逐渐确立了关于坦克作战运用的具体方法与要求。即坦克既不能单独使用，也不能与步兵一起使用，而必须摆在与其协同作战的所有兵种中头等重要的位置，且协同作战的其他兵种应当具备与坦克同样的速度和越野能力，提出“必须组建装甲师”——这应当可以看作古德里安结合自身的实践体会，将装甲战理论转换为坦克集群快速突击战术的非常关键的一环，即首先从编制上解决坦克分散使用的问题。同年夏天，设想以装甲师为演习一方的实地作业，在实践中验证了古德里安“关于通过组建装甲师实施装甲战”的思维建构是成功的。

现在，古德里安关于组建装甲师的思维观念虽然是正确的和成功的，但他仍然“构造”不出实践中的装甲战，因为他手里包括整个德军在内都没有坦克这种武器装备！可见，与组织和战斗运用同等重要的是武器装备，它能将先进的思想转化为实际行动。但古德里安最缺的恰恰就是坦克这种实在的装备。于是，他在思维中"观念地建构"出了装甲师的编制与装备："轻型坦克装备一门穿甲炮，炮塔和车身上各装备一挺机枪；中型坦克装备一门大口径火炮，炮塔和车身各装备一挺机枪。一个坦克营编三个轻型坦克连以及一个中型坦克连，每个坦克连都装备中型坦克，这样可为轻型坦克提供火力支援，弥补小口径穿甲火炮射程较近的不足。"[①] 同时，每辆坦克设计乘员5人，车长、驾驶员、射手、装填手和无线电员各1人，车长坐在射手上方的瞭望塔里全方位观察，并通过喉头送话器向乘员发出指令，射手和装填手都坐在旋转的炮塔里，驾驶员和无线电员坐在车身内部，行进时依靠无线电沟通联络。古德里安对新型坦克的设计要求，明显地体现出了他的新型战术原则。

至此，古德里安已经在观念形态里完成了坦克集群快速突击战术的具体建构，实现了从装甲战理论到实践的重构。

3. 重构是内在尺度与外在尺度之间的有机统一

思维方式对战术规律、理论和原则向实践观念进行重构的活动是比较复杂的，我们只能基于人们对人脑机能的现有认识进行合理的推测。一方面，具有不同思维方式的战术主体对同一战术规律和理论原则的把握是不同的，这就导致不同战术主体会重构出不同的实践观念、实践模式和实践方案。如针对"集中力量"这一战术原则，不同的战术主体对集中力量的规模、空间、时间以及力量的内涵就会形成不同的观念、模式和方案。另一方面，思维方式对战术变革理性认识的重构并不仅仅是按照思维的逻辑进行观念上的推理，还必须与客观实践的具体实际紧密联系起来进行转换和重构。这一过程是主观与客观、主体内在尺度与客体外在尺度不断趋向统一的过程。

---

① ［德］海因茨·威廉·古德里安．闪击英雄——古德里安将军战争回忆录［M］．戴耀先，译．北京：民主与建设出版社，2015：17.

在主观与客观有机统一的过程中，由于思维方式、价值观念不同，可能会出现以下几种不同的思维倾向：第一种倾向，为了维护主体对战术规律、理论、原则等认识的正确性、纯洁性，不顾客观变化了的战斗实践条件，以既有认识框架和思维结构来“裁剪”并“匡正”业已变化了的新的战斗实践。这是形而上学的、机械的思维方式的重构。第二种倾向，以狭隘的、直观的、具体的感性经验来理解战术规律、理论、原则等的普遍指导意义，否认理论的重要性。这是经验主义思维方式进行重构的特点。第三种倾向，将战术变革规律、战术理论和原则等与不断发展变化的战争和战斗实践结合起来，实事求是，一切从实际出发，根据战争形态发展变化和战斗实践的客观条件来确定、选择作战方式和战斗的基本方法。这是唯物辩证思维方式进行重构的突出特点，即不唯上、不唯书，只唯实。

当然，思维方式的重构功能不仅存在于将抽象的战术认识、理论转化为具体的战术观念、战斗目的、作战方式、战斗构想等的过程中，同时还表现为将个别的、具体的战术变革实践经验加以提炼，重构出抽象的战术变革规律，从而实现认识的飞跃。

（二）思维方式的评价功能

一切实践活动本质上都是一种价值活动，其目的都在于追求一定价值的实现。而要追求和实现一定的价值，首先就应对实践对象的价值属性做出评估与判断，即判断实践对象相对于主体的价值大小，这就是评价。评价活动依赖于一定的价值标准，是在一定的思维框架中进行的。

1. 思维方式是对客体进行价值判断的内在依据

思维方式作为看待事物、思考问题的根本方法，内在地蕴含有一套包括观念、规则和标准尺度在内的价值体系。这是思维方式能够对客体进行价值评判的根本原因所在。不同类型的思维方式蕴含的价值体系是不同的。

在礼制仁道思维下，“礼”和“仁”是评判对象的价值尺度。评判一场战争是不是正义之战，主要看战争是否有违礼制和仁道的精神。如果一方出现“失命、乱常、背德、逆天”等不礼不义行为，用战争的方式进行征伐就是正当的，就能得到社会的普遍支持；如果是为了扩大地盘、争夺利益，则要受到自上而下的谴责和舆论的讨伐。在这种社会文化背景下，宋襄公虽然在泓之战中兵败身亡，但太史公并不认为宋襄公的行为迂腐可笑，在编著《史记》时，仍然将硬实力并不足以称霸的宋襄公列为“春秋五霸”之一。他在《宋微子世家》的评语中写道：“襄公既败於泓，而君子或以为多，伤中国阙礼义，褒之也，宋襄之有礼让也。”[①] 这也说明主体对客体的评价既是基于主体的自身需要和利益，同时也受一定历史时期的社会价值观的影响和制约。

但到了春秋中后期，战争的功利性开始觉醒。“兵以胜为功”，战争的目的从“讨伐不义”转向争权夺利，作战不再是君子之间的堂堂之阵，诡道奇谋开始大行其道。如果从谋略的思维角度再来评价宋襄公“（君子）不迫人于阨，不鼓不成列”，就变成了一种“蠢猪式”的行为，相反，孙武式的“能而示之不能，用而示之不用，近而示之远，远而示之近。利而诱之，乱而取之，实而备之，强而避之，怒而挠之，卑而骄之，佚而劳之，亲而离之”的诡道欺诈之术则被尊为“足智多谋”。这也充分体现出不同思维方式所蕴含的价值体系是完全不同的，主体在实施评价时，正是基于其自身思维方式所确立的价值规则与价值尺度。

同样道理，科学理性思维与唯物辩证思维因其内含的价值体系不同，不只是认识战术变革的思维角度、思维框架、思维方法不同，在评价同一问题时的思维角度、价值标准等也是完全不同的。

① 《史记·宋微子世家》.

2. 评价活动既要遵循主体性原则也要遵循客体性原则

评价是客体见之于主体的活动。由于主体不同的需要和利益，在对客体进行评价时，主体总是关注那些与自己的需要和利益关系紧密的客体属性，而与之关系不大或者互相抵触的东西就完全被排除在主体的思维视野之外。马克思曾经深刻指出："忧心忡忡的穷人甚至对最美丽的景色都无动于衷；贩卖矿物的商人只看到矿物的商业价值，而看不到矿物的美和特性，他没有矿物学的感觉。"① 穷人最迫切的是生存需要，他的思维关注的是如何解决生存问题，"美"还暂时进入不了他的视野；商人看到的是商业价值，矿物的"美"和其他特性则无关其需要和利益。同样道理，在关于战术变革的评价活动中，主体也总是比较关注那些与自己需要和利益关系紧密的客体属性而舍弃关系不大的东西。如，"胡服骑射"改革中，赵武灵王面对"东有燕、东胡之境，西有楼烦、秦、韩之边"的现实威胁，思维关注的是如何解决"无骑射之备"的问题，虽然他可能并没有意识到他的这次改革拉开了古代中国骑兵战术变革的序幕；而他的叔叔公子成作为中原礼仪文化的忠实拥趸，其思维关注的焦点则是"易胡服、习骑射"是"变古之教，易古之道，逆人之心"。

但是，评价是一种对象性活动，是对客体的评价，不可能离开评估对象而单独存在。因此，除了遵循主体性原则，按照客体对于主体的价值这一内在尺度来进行评价之外，还应当遵循一定的客观性原则。也就是说，在对战术变革实践的评价活动中，随着战斗形态和作战方式的改变在量上的积累，主体也应当不断地调整自身思维方式及其价值体系，使评价跟上战术发展变革的节奏和实际，确保评估的客观、准确和全面。

3. 思维方式对客体的评价贯穿战术变革活动的全程

在战术变革过程中，战术主体做出的任何一个选择、决策都是以评

① 马克思恩格斯全集：第42卷［M］. 北京：人民出版社，1979：126.

价作为前提的，即使是那些还没有来得及诞出母体、尚未在实践中展开即被否定掉的认识、想法，被否定掉之前也必然是在主体思维活动中经过了相应的评价。下面，我们以军事技术驱动战术变革的过程为例进行简要的说明。

首先，在生产力发展进步和战争需求刺激下，出现新的军事技术，如弓箭、铁制兵器、马镫、火药、步枪、飞机、坦克等。接下来，主体会评价这种新的技术及其物化载体武器装备对作战的价值大小，只有那些既有作战价值又有可行性的军事技术会得到进一步发展和快速运用，而那些虽有一定价值但并不可行的军事技术则会经过评价后被淘汰出局。如，“二战”中希特勒秘密研制的超级巨型火炮——多拉大炮，身管长 32.48 米，口径达 800 毫米，战斗全重 1320 吨，需要 1400 多名士兵操作，加上防空、维修、保养等，需要 4000 多人来保障；再如，美军 20 世纪 50 年代发展的战术核火炮——口径 280 毫米的原子炮，都因为并不可行而被淘汰出局。

随后，经过主体思维评价的新的军事技术投入战场使用，针对如何使用这种新的武器技术，战术主体会提出不同的编组使用方案，而最终选择确定的编组使用方案，也一定是在主体评价活动中被认为是最佳的方案。当然，主体在头脑当中认为最佳的方案并不一定是实践当中最佳的方案。这一点，欧洲战场上步兵武器的发展演变和作战方式方法的不断调整就已经做出了很好的证明。这一过程是主体不断评价军事技术运用效果、不断修正运用方式，最终达到武器技术的最佳作战运用方式的过程，直至出现新的军事技术。

需要注意的是，不同类型的思维方式做出的评价对于实践的具体意义有着本质的区别。科学合理的思维方式做出的评价往往是科学的、正确的，有助于实践活动的顺利推进；反之，陈旧僵化的思维方式做出的评价往往是不恰当的甚至是错误的，这种评价将会阻碍实践甚至使实践误入歧途。

（三）思维方式的调控功能

马克思主义认为，实践是有目的、有意识的能动活动。战术变革因充满创造性的变革特性，更加需要在意识的指导下进行。在战术变革活动的每一个环节，包括战术变革认识活动在内，主体完成评价之后即需要不断地修正认识、调整行为，力争使主体认识与武器技术和社会文化政治等的发展变化相协调、相一致，其目的在于使战术变革的具体实践能够朝着主体预先建构起来的观念化的目标进行。当然，这一观念化的目标也处于不断的修正调整之中。实践当中，主体总是依据自身对战术的认识、在有限理性和有限信息基础上不断地进行选择、做出决策，但战术变革所处的外部环境是开放的、变化的，可能会加速或迟滞战术变革的进程，影响或制约战术变革具体目标的实现，从而导致实践的结果与实践的预期目标之间产生一定的差距或偏离。此时，经过主体的评价之后，就发出修正指令，开始对主体的认识或者与战术变革相关的目标、决策、方案进行调整、补充、修正甚至是完全的改变，以确保主观与客观的一致性、合目的性与合规律性的统一。正如毛泽东在《中国革命战争的战略问题》中所说："认识情况的过程，不但存在于军事计划建立之前，而且存在于军事计划建立之后。当执行某一计划时，从开始执行起，到战局终结止，这是又一个认识情况的过程，即实行的过程。"[①] 毛泽东将实践作为认识的又一个过程，并指出要根据实践的具体情况不断深化认识、调整判断、修正决心，这是对马克思主义"实践观点"和"一切从实际出发"原则的自觉坚持和灵活运用。因此，**从这个意义上说，战术变革的过程，实质上是主体不断调整自身思维方式及变革战术的目标、方案的过程，即主客观协调一致的过程**。

历史上的任何一次战术变革，都是一个主体不断调整、修正的过程。

---

① 毛泽东选集：第 1 卷［M］. 北京：人民出版社，1991：181.

之所以要不断调整和修正，源于人们的认识是一个不断深化、不断逼近客观事物本质的过程。认识不是一次就完成的，更不是一蹴而就就可以准确地把握事物的本质规律。特别是由于思维方式的惯性，那些一旦固化下来成为人们认识的思维框架、路径、方法的东西，很容易使主体屏蔽和裁剪掉那些战术发展中的新生事物。因此，“聪者听于无声，明者见于未形”，只是极少数智者才能达到理想境界。而少部分人甚至在血淋淋的战争事实面前仍然置若罔闻，顽固地坚持原有的作战理论和作战方式而不肯改变。

本章结论

战术变革活动既包括主体对战术变革的认识过程，也包括认识之后对战术的变革实践。思维方式作为控制战术主体认识活动与实践活动的意识性机制，作为人们头脑当中固有的“先验的结构”，对这两大类活动中的思维活动发挥着规范、组织、调节的作用。

思维方式具有选择、整合、阐释的功能。在战术变革认识过程中，人们的思维活动总是在主体既有思维方式的控制和支配下展开。从确定认识的目的、选择认识的具体内容、方法路径，到表达和评价认识结论等问题，都需要战术主体的思维方式进行选择、组织、分析和判断，思维方式正是通过不断的选择、组织、整合、解释完成对战术变革的认识活动。

思维方式还具有重构、评价、调控等功能。在知与行、理论与实践、主观与客观之间存在着一个科学的、正确的转换、对接、评价、调控问题，也就是把主观认识客体化的过程。在这个过程中，主体的思维方式通过其重构、评价、调控等功能架起主观通往客观、理论通向实践的桥梁。

思维方式发挥功能的过程，也是主体对自身思维方式进行反思的重要契机，如果主体一味固守既有的思维框架、路径、原则和方法，不去考虑不断发展变化的战术实践活动，就会使既有思维方式逐渐陷入僵化。所以，任何一种思维方式对主观思维活动和客观实践活动都天然地具有积极与消极两个方面的作用，完全不相信或过分迷信都可能会使视野愈来愈狭隘。

第5章　战术变革的思维路径与典型模式

回顾和梳理人类战争史上的历次战术变革，不难发现，战术变革基本上沿着两种不同的思维路径展开，形成了能动与被动两种不同的变革模式，即“军事技术主导与战争实践催生的被动变革模式”和“思维先验设计与作战实验催化的能动变革模式”，前者如坦克集群快速突击战术，后者如礼制仁道思维主导下作战方式从堂堂之阵向诡道权谋的转变。而且，随着人类认识能力和思维水平的不断提高，思维先验设计与作战实验催化在推动战术变革中的地位和作用越来越突出。

一、战术变革的思维路径

战术变革是一种实践活动，而任何一种人类的实践活动都是有目的、有意识的。主体的思维活动在实现变革的过程中发挥着重要作用，主客观之间进行着十分频繁的互动。这一点，已经在“战术变革活动中思维方式的功能分析”一章做过详细的阐述。在思维方式与战术变革两者之间这种主客观交互嬗变的过程中，可以清晰地看出战术变革是沿着两种不同的思维路径展开的。

（一）战术变革的“技术思维”路径

人类的历史从哪里开始，思想的进程也就从哪里开始。战术变革作为一种有意识的、充满创造性的活动，它的起点在哪里？战术变革的历史轨迹已经做出了回答。在相当长的一个历史时期内，除了军事技术水平较低、发展较为缓慢之外，战术变革主体的思维能力、认识水平也相对有限。这一时期，战术主要以战斗实践为起点，以军事技术为驱动，人们在思考战斗队形、战斗方法的过程中经过归纳、概括、抽象等思维活动，从而形成特定的思维框架和思维路径，并以此指导新的战斗实践，笔者将其称为“技术思维”路径，这一思维路径如图 5.1 所示。

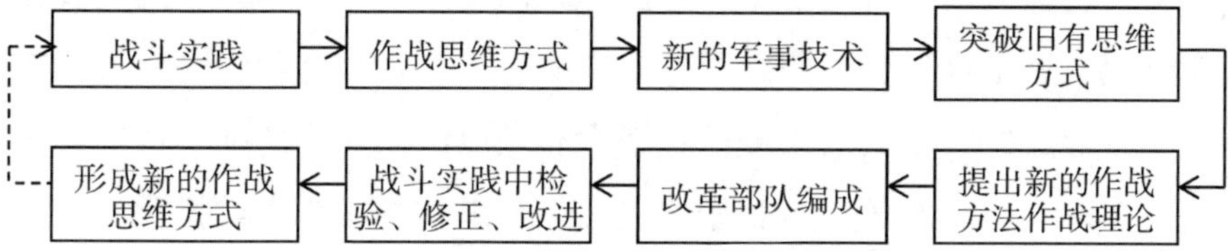

图 5.1　战术变革的“技术思维”路径

思维路径完成一个循环，战术就跃升到一种新的形态，完成一次变革，实现质的飞跃。同时，开启下一个新的循环。

第一，在长期战斗实践中形成战术体系。人类对战斗规律、战术原则的认识是从战争和战斗实践中开始的，从战术发展历史来看，战术的每次变革也都是在战争实践中完成的，离开战争的“母体”，战术变革也就无从谈起。当然，既然是变革，也就意味着原来是有一套战术体系，这套战术体系是人们在长期战斗实践中对战斗队形、战斗编成、战斗样式、战斗方法等战术诸要素认识的结晶。从最初的原始狩猎活动，人类的先祖智人认识到要通过多个人的协作，采取用火驱赶和运用木棍、石斧、石刀工具等才能猎杀目标猎物，分工和协作已经带有战术当中“协同”的萌芽。当智人将猎杀动物的方法和技巧用于氏族部落之间的争斗时，战术就产生了。但这一时期的战术是比较简单的，是双方之间的整体对抗行为。随着生产力的发展，人们制作武器的能力有了较大提高，在氏族部落不断的对抗斗争中，人们逐渐认识到，手持不同武器的战斗人员如果经过适当的编组，就可以发挥人和武器的整体效能，形成更强大的战斗能力。于是，阵应运而生。在运用阵组织战争的过程中，人们摸索形成了包括战斗力量编成、武器编配、阵的指挥方式等在内的方阵战术体系。同样，其后的散兵线、合同突击等战术体系的形成都经历了类似的过程。

第二，战术体系固化成为作战思维方式。一种战术体系逐渐形成之后，人们通常会在其后的战斗实践中反复加以运用。反复进行行为强化的结果又反映到人的主观意识中，形成了人们关于战斗基本方法的程式化的观念模式、思维框架和思路路径，即作战思维方式。这种观念模式和思维框架一旦形成，成为其后人们认识战术和赖以组织战斗的基本指导与根本法则。在没有出现新的军事技术之前，作战思维方式为人们提供了认识和实践的观念模式、思维框架与思维路径。比如，在海战战术的发展中，最初，船只是解决“过河”问题的工具，“接舷战术”就是在战船靠近敌方船舷时士兵跳上对方战船进行面对面的搏杀格斗，所以又称“跳帮战术”。之所以会出现跳帮战术，除了当时缺乏打击敌船的远程火器、不得不跳上敌船才能夺取决定性胜利之外，还有一个很重要的原因，笔者猜测是人们把业已成形的陆上战术体系“搬”到了水上，力图将水上战斗转变为水上的陆战，换句话说，就是用现成的陆战思维方式去认识和实践海（水）上战斗问题。

但是，一旦出现主导性的新的军事技术，如果主体认识不到这种新的军事技术即将给作战方式带来的革命性变化，不及时变革自身思维方式，那么思维方式反过来又会成为战术变革的一种桎梏。

第三，新军事技术的运用改变作战方式。武器是实现战争目的的工具。军事技术的物化才生产出战争赖以进行的武器。在整个人类战争史上，技术通过改变机动力、防护力和打击力而在战术变革中占据有十分重要的地位。弓箭的出现延伸了人类打击的距离，增加了打击力的“力臂”；马镫的发明使骑兵能够更牢靠地骑在马背上，彻底将骑兵的双手解放出来，在提高机动性的同时也增强了打击力；火药的发明则是人类第一次利用化学能突破自身打击力的物理极限；滑膛枪的出现拉开了作战双方的距离，彻底改变了人类面对面搏斗厮杀的战斗方式；坦克则集打击力、防护力、机动力于一体，它的出现很快碾压了由机枪、铁丝网和堑壕构成的防御阵地；而飞机的问世则使脱离地面进行战斗有了可能，将战斗空间从平面拉成了立体；信息技术加入战争开辟了作战空间的另一个维度，同时也使传统的作战要素紧密联结成一个有机作战体系成为可能。

美国退役陆军上校 T.N. 杜普伊在《武器和战争的演变》中曾经引入杀伤力指数（TLI）[①] 的概念分析了军事技术的演变给作战方式带来的影响。笔者从其中抄录部分兵器的杀伤力指数，如表 5.1 所示。

表 5.1　兵器杀伤力指数（TLI）

兵器名称	TLI
长矛、剑等	23
标枪	19
长弓	36
16 世纪火绳枪	10
17 世纪滑膛枪	19
18 世纪燧发枪	43
19 世纪初来复枪	36
19 世纪中叶来复枪	102

① 杀伤力指数是指各兵器的相对杀伤效能。它是根据兵器的射程、发射速率、精确度、可靠性及杀伤半径等性能计算所得的结果。下文中的数据引自美国退役陆军上校 T. N. 杜普伊著、李志兴等译的《武器与战争的演变》，第 116–117 页，北京：军事科学出版社，1985.

续表

兵器名称	TLI
19 世纪末叶线膛来复枪	153
16 世纪 12 磅炮弹加农炮	43
17 世纪 12 磅炮弹加农炮	223
18 世纪 12 磅炮弹加农炮	940
法国 75 毫米火炮	386,530
第一次世界大战时的坦克	6,926
第二次世界大战时的中型坦克	575,000
第一次世界大战时的战斗轰炸机	6,926
第二次世界大战时的战斗轰炸机（P–47）	135,000

从这些杀伤力指数的变化当中，其实也能够清晰地看得出来，军事技术最初物化为兵器时，它的杀伤力指数并不比原来的兵器高出多少，有时甚至还不如旧式兵器，但技术成熟之后兵器杀伤力指数无疑会成倍甚至几十倍地提升。在这里，如果我们再来回顾恩格斯那句被军事理论界奉为圭臬的经典论断——立刻几乎强制地……引起作战方式上的改变甚至变革——可能就会产生更加深刻的认识和理解，恩格斯所说的"立刻"只是相对意义上的时间概念，而"强制性的改变甚至变革"则是必然的、绝对性的结果。

第四，作战方式变革突破旧有思维方式。作战方式的变革是迅即的，也是客观的，而思维方式的变革则往往是滞后的，是主体头脑当中观念的重构。当新的军事技术应用于战斗实践并发挥出新的作战效能之后，不管人们是否愿意，都必须调整自身思维方式，否则就会出现用旧有思维方式"裁剪"新的战斗实践，或者将新的兵器技术生硬"嵌入"原有战术体系，甚至顽固坚守或强烈反对新的作战理论等问题。不管是哪种问题，虽然最终都改变不了战术变革的总体趋势，但无疑会人为地迟滞战术变革的进程。随着越来越多的战斗实践，人们不断加深对新的武器技术的理解和认识，愈发得心应手地编成新的战斗队形、运用新的技术武器使之发挥出最大的战斗效能。换句话说，人们最终找到了新的武器技术的最科学、最合理的运用方式，正如古德里安将坦克集中使用以及以坦克集群为中心编组其他战斗兵种和保障力量那样。最终，人们在战斗实践中不断强化对这种新的作战方式的思维认知，从而在局部范围内开始不断突破旧有思维方式的束缚。

第五，在战斗实践中总结形成作战理论。新的兵器技术一开始应用于战斗实践，战术主体就开启了探索新的作战方法的过程。1903 年，美国人莱特兄弟发明飞机，1914 年 10 月 5 日，法国航空勤务队的约瑟夫 · 弗朗茨和路易 · 凯诺驾驶“瓦赞Ⅲ”型飞机击落了德国正在执行侦察任务的阿维亚蒂克飞机，从此揭开了世界空战史的序幕。同年 10 月 23 日，F.W. 兰彻斯特在《工程杂志》上发表文章指出，（飞机）初始的高度优势代表着潜在能量的积蓄，战机来临时往往可以发挥关键作用。这种高度优势很可能成为，而且也将一直成为空战战术取得成功的关键。[①] 从“一战”爆发到 1916 年，空战的主要问题始终是探索飞机的最佳作战运用方法。1916 年夏季，当时最伟大的空中战术家、后来被称为世界“空战之父”的奥斯瓦尔德 · 波尔克制定出空战的八条原则[②]，这八条原则迄今为止都没有发生太大变化。10 月，德国航空勤务队在命令中确认了空战应改用多机编队甚至是整个中队的编队。1921 年，意大利人朱里奥 · 杜黑出版了他后来闻名于世的《制空权》，比较系统地提出了空军作战使用

① 江林. 战术简史［M］. 北京：解放军出版社，2016：561.

② 八条空战原则即，第一，设法在攻击前占据有利位置，可能时应尽量背阳飞行；第二，一旦发起攻击就要坚决进行到底；第三，只有在近距离内且敌人正好在自己瞄准具内时才可射击；第四，眼睛要紧紧盯住对方，以免上当受骗；第五，必须从后面实施攻击；第六，当对方俯冲过来时不要设法躲开而要迎上去；第七，在战线的敌人一侧飞行时，不要忘记退却方向；第八，原则上应以四机或六机为单位进行攻击。参见江林著《战术简史》，564–566 页，北京：解放军出版社，2016.

和建设的相关理论。可见，即便是有远见的天才军事理论家，若要创造性地提出新的作战理论，也需要在战斗实践中不断地探索和总结，才能最终找到适合新的武器技术的最佳作战方法和适应新的战斗形态的作战理论。

第六，依据新的作战理论改革部队编制。组织编制是联结人与武器的纽带，是一种结构力，是组织战斗赖以进行的组织体系，也是战术变革的一项重要内容。作战原则和作战理论一旦成熟并正式形成，就会被广泛地推广开来，越是战争年代，推广的速度就越快。根据新的作战理论，通常要调整改革部队编成，以适应大规模战斗和新的兵器技术作战运用需求。当然，部队编成改革并不是从新的作战理论定型之后才开始的，而是边探索、边总结、边试验的过程。例如，根据1919年6月签署的《凡尔赛和约》，战败的德国仅被允许保留一支十万人的军队，且不允许装备坦克。但条约限制不住德军的创新思想。“一战”之后，德军一直在寻求对付老一套作战方式的新技术和新手段，特别是以古德里安等为代表的德国军人高度重视对坦克技术和战术运用的研究。1929年，古德里安基本确立了关于坦克作战运用的方法与要求，到1930年整个德军才仅仅装备几辆陈旧的装甲侦察车，1935年，古德里安的积极探索和大声疾呼终于得到希特勒肯定，德军正式组建三个装甲师，每个装甲师下辖1个坦克旅和1个摩托化步兵旅（各旅下辖2个团，团辖2个营、营辖3个连）、1个炮兵团和其他分队。与此同时，德军还组建了3个轻装师和4个摩托化师。这10个师归3个军建制领导，统一编为一个集团军，从而构成了德军装甲坦克兵的骨干。“二战”爆发后，坦克大放异彩，加之战争需求，德军又大量组建装甲军、装甲集团军。在坦克的作战编成上，当时苏德战场最大的编制为装甲集群。从坦克团到装甲集群，坦克部队的编制始终遵循了“集中使用”和“其他兵种必须与坦克具有相同的机动和越野能力”的原则，而这一原则也被“二战”的战争实践证明是正确的。坦克师的编制一直被保留了下来。

第七，在战斗实践中不断检验、修正和改进。实践是检验真理的唯一标准。实践证明，不管兵器的杀伤力指数提高多少，新兵器都必须与作战理论和组织编制实现有机统一，这比新技术本身的发明和新兵器的采用要重要得多。新的作战理论和部队编制无论多么完美，都必须与新兵器一起接受战斗实践的检验，在实战中不断修正和完善作战理论、调整部队编制、改进和提高兵器技术。以改进和提高兵器技术为例，世界上第一辆坦克"小游民"和一个大水柜差不多，车体方方正正，焊有 6mm 厚的装甲，装有 1 门火炮和几挺机枪。随后用于实战的 I 型坦克外廓呈菱形，履带为过顶式履带，装甲厚度 6 ~ 12mm，最大行驶速度 6km/h，武器为 2 门 57mm 火炮和机枪。这时的坦克，薄薄的装甲仅能防御机枪子弹，机动性极差，因为技术不过关经常趴窝。到"二战"时，坦克火力明显提高，穿甲弹和破甲弹成为主要弹种，装甲厚度也从"一战"时的 10mm 左右发展到了 45 ~ 100mm，行驶速度大幅提高，如 T–34 达到了 55km/h。时至今日，战争形态加速向信息化演变，坦克也正在插上信息化的翅膀，坦克仍然是坦克，但其技战术性能已经不是可以简单用"今非昔比"四个字能够说得清楚的。

第八，固化形成新武器战术运用的思维方式。当新的武器技术以及与之相适应的作战理论日臻成熟，并在战斗实践当中反复检验被认为是正确、科学时，新武器技术的作战运用方法、作战理论就会逐渐固化下来，在人们头脑当中建立起"条件反射"，形成这一新的武器技术战术运用的思维方式。这种新的思维方式成为一种稳态结构，一直发挥作用，直到另外一种新的兵器技术出现，打破这种相对的平衡，开启战术变革的新一轮循环。

（二）战术变革的"工程思维"路径

在战术发展的历史长河中，战术变革多数时候是由于武器技术进步和战争实践发展而催生的。然而，变革是充满创造性的活动，离不开人的能动自觉。**战术变革决不是一种以军事技术发展为基础的简单的客观物质运动，特别是随着人们对战术本质及其发展规律理解得越来越深刻，人们已经不再满足于或者停留在被动接受军事技术发展而改变作战方式的阶段，设计未来、创造未来、把握未来在战术变革中已经占据越来越重要的地位。**由此，产生了战术变革的第二种思维路径，即首先通过人们的创造性思维，提出新的作战概念，借助计算机技术对作战概念进行实验验证，而后主动地设计新的兵器技术，组织实践检验，在实践中修正和完善作战理论。这一思维路径类似于工程师首先产生创意，再将创意变成可以执行的图纸，故笔者称其为工程思维①路径，如图5.2所示。

第一，开发新的作战概念。作战概念是“思维的自由创造”，是人们在对未来作战活动本质特点进行抽象和概括的基础上形成的主观构想和思维形式，决不是毫无基础的空中楼阁和异想天开。开发作战概念是创新军事理论、设计未来战争的关键环节和核心内容，其本质是未来“打什么仗”和“怎么打仗”的问题。开发作战概念对创新作战理论、牵引军事建设往往发挥着先导性的作用。因此，开发作战概念不是玩新名词、新花样，而应首先搞清未来战争制胜机理，深刻洞察新型军事技术给战争形态和作战方式可能带来的深层影响，敏锐感知军事技术发展趋势，真正从源头上搞清楚孕育作战概念的时代背景和技术条件。其次，开发作战概念应紧盯现实战争需求，认清国家安全面临的现实威胁，把作战对手研究透彻，把己方优劣搞清楚，准确定位未来作战需求，有针对性地开发不同战

---

① 关于工程思维，复旦大学哲学系博士后徐长福在《理论思维与工程思维：两种思维方式的僭越》中以柏拉图的“理想国”为范例，说明了理论思维对工程设计的僭越，即柏拉图以理论思维设计出理想的国家，接下来同样以构造“国家篇”的理论思维来设计理想国的工程，而工程之所以为工程，与构造理论的概念和推理不同，须按照工程设计的方法即工程思维勾画出施工蓝图，再由具体的“材料”来建设。

同样道理，作战概念仅仅是理论思维的结晶，从作战概念到具体的战术实践，中间也应当经过“工程思维”将作战概念转化为可以进行战术实践的“工程图纸”，即作战理论。所以，笔者将这种思维的程序模式称为“工程思维”路径。

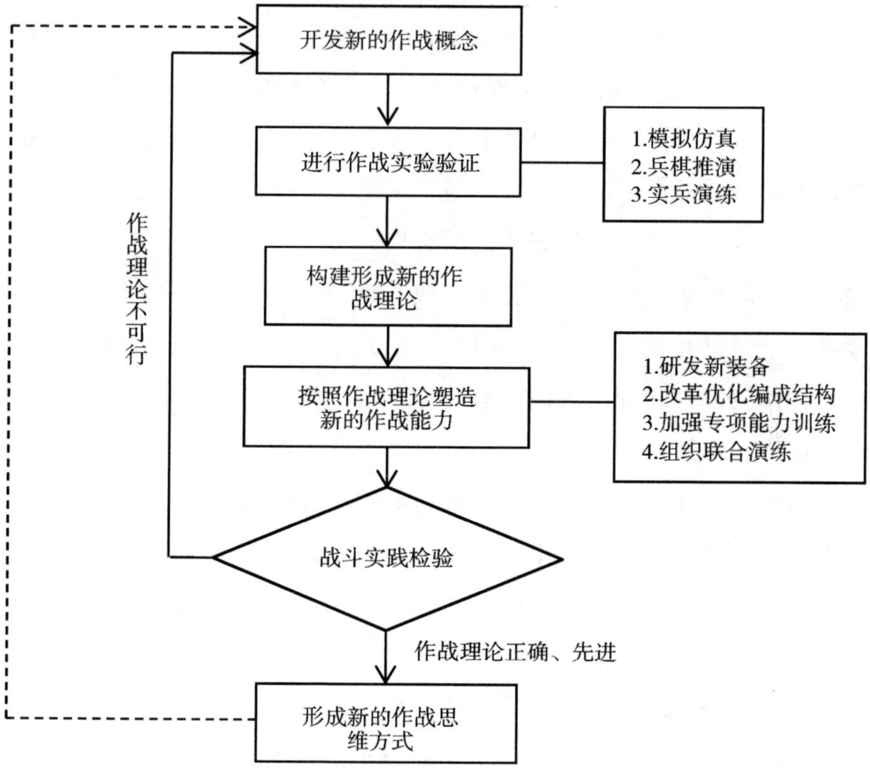

图 5.2 战术变革的"工程思维"路径

略方向、针对不同作战对手的不同的作战概念，这样的作战概念才能实在管用。冷战时期，美军开发出来的"空地一体战"就是针对苏联强大的地面装甲机动力量，而强调运用空中火力实施全纵深打击。最后，开发作战概念离不开现实物质技术的支撑，应充分考虑到现有武器装备、可能技术发展、综合保障条件等现实因素，确保新的作战概念不是纸上谈兵，而是能够落实落地，成为牵引打仗准备的强大引擎。"二战"之前，不管是图哈切夫斯基提出的"大纵深作战理论"，还是富勒提出的"装甲战"，都已经初步具备了实施装甲集群快速突击作战的基本条件。

第二，进行作战实验验证。"公输盘九设攻城之机变，子九距之。公输盘之攻械尽，子之守圉有余”[①]，说的是春秋时代墨子和公输盘通过器械模拟城池攻防的事情，这应该算是早期的作战实验。我国著名科学家钱学森早在1979年就敏锐地指出“作战实验，是军事科学研究方法划时代的革新”[②]。提出一个新的作战概念仅仅只是第一步，作战概念是否能够在实践中行得通、是否具有可操作性，需要借助于计算机和数学建模进行模拟仿真、作战推演，组建实验部队进行实战模拟，以及组织军事演习进行实战化检验，即作战实验论证。美军作战实验领先全球，但仍然认为，作战实验是一个还没有被充分利用的引擎，强调通过作战实验，发现、测试和评估某种作战设想和理论假说的有效性，尽快完成从作战概念到作战能力的转换过程。作战实验通常可以采取三种方式组织：一是模拟仿真，即用数学符号和公式化语言对作战概念进行抽象描述，建立数学模型和可运行的软件模型，借助计算机技术、虚拟仿真、虚拟现实等技术模拟运行交战过程，评估发现作战概念存在的问题与不足。二是兵棋推演，将作战概念转化为可执行的具体作战行动，设定交战规则，运用兵棋对作战概念进行行动推演，在推演过程中评估发现作战概念的可行性与实效性。三是实兵演练，设计逼真的作战环境，模拟作战对手，对作战概念的主要战法、作战行动等进行实兵、实地的演练，在实战化的演习中评估作战概念。以上三种方式可以结合使用，也可以单独使用。通过作战实验，进一步检验论证作战概念，促进作战概念成熟完善。

第三，构建形成新的作战理论。作战概念仅仅是一种关于未来作战的设想和假说，要使作战概念真正能够落下来，转化为备战打仗的牵引和抓手，必须对其核心问题进行理论化的描述，形成以核心概念为中心的作战理论体系。一般情况下要解剖新开发出来的作战概念，提出需要进行研究的若干问题，围绕这些问题进行理论研究和创新，形成系列化的理论研究成果，最终构建出比较完善的作战理论体系。如，美军《2020

---

① 《墨子·公输》.

② 胡晓峰. 战争工程论［M］. 北京：国防大学出版社，2012：312.

联合构想》中，围绕 6 个关键概念提出必须研究解决的 21 个难题，而后着眼解决这些难题提出相应的作战能力，从“关键概念”到“必须解决的难题”，再到“作战能力”，从而形成以作战概念为中心的理论体系。

第四，塑造新的作战能力。战斗是敌我双方作战能力的较量，也是双方作战能力的释放。作战理论构建完成后，通常是围绕作战理论提出的作战能力指标，加强部队作战能力建设。塑造作战能力主要采取以下途径：一是设计研发新的武器装备。着眼未来战争需求，依据作战概念和作战理论，大胆创新军事技术，设计研发能够遂行相应作战行动任务的最佳技术兵器，将理论优势转化为军事技术优势，实现战术牵引技术之目的。二是优化调整编制结构。再先进的理论和技术，都需要通过编制结构才能转化为实实在在的作战能力。这从各国军队组织编制调整改革中就可以得到很好的证明。如，美军早就认识到联合作战将成为基本的作战方式，美军的作战概念开发和作战理论创新也始终在围绕“联合”做文章，为了将联合作战落到实处，1986 年 10 月颁布《戈德华特 – 尼科尔斯国防部改组法案》，从法律上确立了军政、军令分离的领导指挥体制，赋予战区司令部联合作战指挥权。同时，为使任务部队适应联合作战力量编成需要，大力推进部队编成小型化、模块化、多能化。三是加强专项能力训练。任何一项战术行动都需要若干项作战能力支撑，这就需要依据新的作战理论，加强作战行动专项训练，把任务部队作战能力上的短板拉长、弱项补强。四是组织新的作战能力联合演练。依据新的作战理论，针对作战对手，营造作战环境，组织相关任务部队进行联合演练，针对新的作战能力指标查找弱项短板，提高联合行动能力。

第五，战斗实践检验修正。科学的作战理论只有经过战争实践的检验才能焕发出真理的光芒，也只有经过战争实践的淬火才能显示其足金的成色。开发出来的作战概念、作战理论是不是花架子、管不管用，必须用战争实践来说话。美军正是通过海湾战争检验了空地一体战理论、科索沃战争检验了快速决定性作战理论、伊拉克战争检验了网络中心战理论，从而使其始终走在作战理论创新的前列。当然，战争和战斗实践检验，可能证明作战理论是先进的，也可能证明作战理论在实践中是行不通的，那些被证明是先进的、可行的理论将会被得到认可和推广运用，而那些被证明行不通的作战理论则要么必须进行修正、要么必须舍弃，从而重新开发作战概念。

美军是通过真正的战争来验证其作战理论的。需要注意的是，战争固然是检验作战理论的最可靠的方法和唯一的标准，但从战略角度看不应轻启战端，而应综合运用政治、外交、经济、军事威慑等多种手段实现战略目标。同时，先进的作战理论也应当具备不战而屈人之兵的军事威慑功能。

第六，形成作战思维方式。从开发作战概念到形成作战理论，再到依据作战理论塑造生成新的作战能力，再到战斗实践检验，在这个过程中，人们逐步认同新的作战理论，特别是那些经过战争实践而被证明是正确的、先进的作战理论，并将这种新的作战方式作为一种标准和模式在头脑当中建立起来，等到下次战争来临，在组织战斗时就会自觉不自觉地参照已经成熟的作战理论和已经建立起来的标准与模式来编组战斗力量、选择战法、确定战斗构想、组织战斗行动、组织各种协同和保障。这个时候，就可以认为已经形成了新的作战思维方式。

二、战术变革的典型模式

认真考察战术变革的具体历史轨迹，深入剖析战术变革的思维路径及其运行机理，结合战术变革的动因分析，笔者认为，战术变革大致上可以划分“被动应变”和“主动求变”两种模式，即军事技术主导与战争实践催生的被动应变模式和思维先验设计与作战实验催化的主动求变模式。这两种变革模式，分别与“技术思维”和“工程思维”两种不同的思维路径相对应。不同的战术变革模式，反映出不同历史时期战术变革内外部各种要素在互相作用中形成的不同的运行模式。

（一）军事技术主导与战争实践催生的被动应变模式

所谓被动应变的变革模式，是指在战术变革的发生发展过程中，军事技术发挥着主导性作用，战争实践需求孕育和催生战术变革。**这一模式可以描述为：军事技术驱动－作战实践探索－形成战术体系**。在这种模式中，虽然有作为主体的人的主动参与，但又表现出被动“卷入”和“后知后觉”的特点，所以称为军事技术主导与战争实践催生的被动应变模式。

20 世纪之前，除了从“礼制仁道”到“诡道奇谋”、从步兵战术向骑兵战术发展演变过程中带有主动设计的明显特征之外，战术变革主要以被动应变模式为主。如果将战术变革划分为萌发、展开、完成三个阶段，那么，战术变革大致按照以下顺序展开。

萌发阶段。在社会生产力不断发展进步过程中，产生新的军事技术，或者发明新的兵器，特别是主要战斗力量使用的主战装备出现重大技术进步，或者技术形态发生质的跃升，这种新的武器技术一开始在数量上并不占优，在技术上尚未完全成熟，这个时候只是“嵌入”原有的战术体系，主体仍然沿用原来的思维方式来确定战法、编组兵力兵器、组织战斗行动，在战斗实践中不断摸索和总结新的武器技术与其他兵力兵器有机兼容的方式方法。如 16 和 17 世纪步兵战术的形成过程中，步兵由长矛手和火枪手两部分组成，前者任务是持矛冲锋，后者则以火力掩护。此时，长矛手仍以密集的方阵队形作战，而火枪手由 8 ~ 14 人为一行，以保证射击的连续性。这个时候，火枪作为新式兵器，只是“嵌入”了由长矛手组成的密集方阵，战术主体在运用火枪时只是把它作为一种辅助性的兵器。这个阶段，身处其中的多数人没有意识到这种新的武器技术给作战方式即将带来的革命性的变化，但身为后来人即便是小学生现在都可以断言战术变革的序幕已经拉开。

展开阶段。随着生产力和科学技术的进一步发展，军事技术在不断改进和提高，新式兵器的技术性能也在稳步提升，同时，**由于社会生产技术的进步，新式兵器的数量日益增多，从而不断地将旧式武器“挤出”战术体系，并将新式兵器从原来的辅助性兵器发展成主要兵器。新式兵器在战术体系中的作用不断提升，逐步建立起相应的兵种甚至军种，从编制上确立了自身地位。武器技术、编制结构、作战方法不断融合，原有战术体系已经无法容纳新的战斗形态**。这个阶段可能持续很长时间。仍以散兵线战术的形成为例进行说明，18 世纪，滑膛枪给欧洲战场带来较大改变，但受射程限制，无论是横队战术还是纵队战术，作战双方仍然在围绕阵形变化做文章，方阵战术的框架仍旧没有打破。到了 19 世纪中叶，来复枪的杀伤力指数已经从滑膛枪的 19 跃升到了 102，杀伤距离从百米提高到了近千米，密集严整的线式队形最终抵挡不住后装线膛枪的威力，这在克里米亚战争（1854—1856 年）、美国内战（1861—1865 年）、普法战争（1970—1871 年）等重要的战争行动中都有所体现，散兵线战术最终打破了密集严整的阵式战术体系。然而，杜普伊认为，从 1845 年滑膛枪大量装备部队使用，到 1878 年后装线膛枪的推广，武器装备确实发生了革命性的变革，但这种变革只是技术上的变革，还不是战术和编制上的变革，散兵线战术变革一直到日俄战争期间才算真正完成。

完成阶段。战术与武器、编制在相互适应中不断调整、发展完善，战术体系进入相对稳定的状态，战术变革最终完成。日俄战争中，工业革命带来的许多军事技术创新成果，如速射炮、机枪以及射击精度更高的卡宾枪等都首次得到大规模的运用，机枪、堑壕挡住了纵式阵形的冲锋，以堑壕为主构成的阵地取代了“阵形”，散兵群取代了纵队，在步枪和机枪的火力下，步兵必须以散开的战斗队形实施冲击，将兵力、火力和机动紧密结合起来，才有突破的希望，步兵、炮兵等兵种之间的协同成为战术的一个重要方面，为减少火力杀伤，增加战斗突然性，进攻一方必须隐蔽接敌，同时要尽可能地采取迂回包围、翼侧攻击等战术手段，战术体系在量变的累积中实现质的跃升。然而遗憾的是，战争双方当时并没有意识到火力变化给战术带来的深刻影响，直到第一次世界大战难以承受的巨大伤亡、反复激烈的阵地拉锯才彻底打破“刺刀冲锋”和“骑士精神”的陈旧战术观念。

战术，正是在军事技术的发展和战争实践的催化中，“被动地”完成了自身从量变到质变的飞跃，实现了战术变革。

（二）思维先验设计与作战实验催化的主动求变模式

所谓主动求变的变革模式，是指在战术变革发生发展过程中，主体通过思维的自由创造首先在头脑中完成未来战术的先验设计，而后运用实验手段完成验证，最终建构出新的作战理论，从而完成战术的变革。**这一模式可以描述为：思维创造先行 – 实验手段验证 – 作战实践检验 – 形成战术体系**。在这种模式中，主体的创造性思维发挥着关键性作用，战术变革从头到尾都表现出充分的主动性、创造性特征，作为主体的人深度参与并主导着变革进程，设计和牵引着战术的发展，所以称为思维先验设计与作战实验催化的主动求变模式。

20 世纪后，战术变革集中表现出作战理论先导的鲜明特征，特别是越南战争后，探索性演绎思维越发明显地开始运用于作战概念开发和作战理论创新中。这种模式下战术变革通常按照下列顺序展开。

萌发阶段。为数不多的军事理论研究人员或军事将领，基于对战争形态演变趋势和战术变革规律的准确把握，在深刻反思总结作战教训的基础上，结合军事技术发展趋势，就下一场战争是什么以及如何打进行大胆预测，从而创造性地提出新的作战概念。如《解放军报》2017 年连续刊载了一系列关于智能化作战的文章，这是一种原创的作战概念。我们仍然以已经发生过的变革为例进行说明。1973 年 10 月第四次中东战争打响，开战后几个小时，以色列第190坦克旅全军覆没，司令官阿萨夫·雅库里上校带领25辆完好无损的美式坦克投降埃军。战后统计这场战争共损失坦克3000多辆。这一数字深深震撼了美军，为何在短短时间内损失如此众多的坦克？“二战”以来形成的以坦克为核心的集群快速突击战术是不是已经失效？加之美军在越南战争泥潭中的教训，下一场战争到底是什么样的战争？如何打赢下一场战争成为摆在各国军队面前的一道必答题。1977年，唐·A.斯塔里上将就任美陆军训练与条令司令部第二任司令，在他的主持下，美陆军先后提出了“中心战斗”“一体化战场”等新的作战概念，最终发展成为“空地一体化作战”，1982年8月正式写入修改后的《作战纲要》。

展开阶段。习近平同志指出：要注重运用现代手段特别是联合作战实验、兵棋推演等手段进行定量分析、模拟验证，增强作战方案计划科学性和可行性。这一重要论述同样适用于作战概念开发。新的作战概念提出之后，综合运用模拟仿真、兵棋推演、实兵演练等手段完成对作战概念的论证，建构形成新的作战理论。在新的作战理论指导下，瞄准未来作战需求，列出未来作战能力建设需求清单，研发新式武器装备，并结合武器装备试验论证改革部队编成结构，加强作战能力生成训练。在这一过程中，不断检验新的作战理论，实验新的作战方法，以作战实验为中心整合各种作战要素，促进新的作战理论、新型武器技术、新的编成结构、新的作战方法等的有机融合，最终形成新的作战能力，从而在战争预实践中完成战术变革。美陆军在完成“空地一体战”概念开发和理论建构之后，接着就实施了编制改革，缩小师属战术分队规模以提高灵活性，增编3个前方支援营以提高伴随保障能力，增加师属炮兵以提高远程火力打击能力。特别是重型师新编1个战斗航空旅，旅下辖2个攻击直升机营、1个战斗支援航空营和1个骑兵营，极大提高了师战术纵深攻击能力。同时，强调陆空协调一致行动，规定战术空军的具体任务，确立陆空协调原则，在决定性的时间和地点集中空中力量，夺取空中优势，为地面行动提供近距离的空中支援。经过这些调整、改革和实兵演练，美陆军地面作战能力得到了质的跃升，其实已经完成了从坦克集群快速突击战术向空地一体作战的变革。

完成阶段。按照新的作战理论完成作战能力重塑和作战方法设计之后，通常需要以不同形式的实践进一步检验作战理论的先进性、可行性，并在实践中完善新的作战理论、改进新的作战方法，从而最终完成战术变革。1991 年 1 月 17 日凌晨，海湾战争爆发。指挥这场战争的诺曼 · 施瓦茨科普夫及其领导的中央总部全面而具体地制订“沙漠风暴”行动计划的理论依据，就是自 1983 年以来一直被国防部视为作战行动标准程序的“空地一体战”理论。① 根据这一理论，以美军为首的多国部队首先运用 F–117 隐形战机等空中打击力量，以及战斧巡航导弹等远程精确火力，对巴格达的通信中心、导弹发射阵地、机场、炼油厂等重要的军事及经济目标进行了精确打击。据统计，美军飞机共出动 7.5 万余架次，还不包括直升机完成的任务。2 月 24 日，多国部队兵分两路对伊拉克发起地面攻击，战术空军对地面行动提供了有力的近距离支援，并发挥出了关键性作用。100 个小时后，地面作战行动结束。海湾战争全面检验了空地一体战理论，也有军事理论研究人员将美军的作战方式概括为“全维攻击战术”。可以说，这场战争以及由此完成的战术变革完全是在作战概念牵引下进行的。

从上述对“主动求变”变革模式的分析可以看出，作为主体的人的思维方式一旦发生改变并自觉参与其中，研究开发新的作战概念，主动“塑造”新的作战方式，那么就显示出思维的巨大力量。可以预见，在和平与发展的时代主题下，思维先验设计与作战实验催化的主动求变模式，将成为未来较长时期内战术变革的主要模式。

---

① 〔美〕罗德尼 · P. 卡莱尔. 美国人眼中的海湾战争［M］. 孙宝寅、孙卫国，译. 北京：当代中国出版社，2006：107.

本章结论

在社会领域活动的是有意识的、有目的性的人，任何事情都有自觉的意图。战术变革作为一种有目的、有意识的实践活动，主客观之间进行着十分频繁的互动，这种互动的结果一方面促进了作战思维方式的发展，另一方面促成了战术变革的实现。从互动发展的轨迹来看，战术变革总体上来说沿着两种不同的思维路径展开。

第一种思维路径是“技术思维”路径，即以战斗实践为起点，在实践中形成战术体系并固化为作战思维方式，随后，新军事技术的产生及运用强制性地改变作战方式，并打破人们头脑中旧有的思维方式，在实践中形成新的作战理论，随后改革调整部队编制结构，并在战争和战斗实践中修正完善作战理论，并固化为新的战术体系。

第二种思维路径是“工程思维”路径，即首先通过人们的创造性思维，提出新的作战概念，在观念当中完成对战术的设计，接下来借助计算机等技术对作战概念进行实验验证，而后主动地设计新的兵器技术，组织实践检验，在实践中修正和完善作战理论。

与“技术思维”和“工程思维”两种路径相对应，战术变革大致上可以划分为“被动应变”和“主动求变”两种模式，这两种不同的变革模式，反映出不同历史时期战术变革内外部各种要素在互相作用中形成的不同的运行模式。

所谓“被动应变”的变革模式，是指在战术变革的发生发展过程中，军事技术发挥着主导性作用，战争实践需求孕育和催生战术变革。这一模式可以描述为军事技术驱动－作战实践探索－形成战术体系。在这种模式中，虽然有作为主体的人的主动参与，但又表现出被动“卷入”和“后知后觉”的特点，所以称为军事技术主导与战争实践催生的被动应变模式。

所谓“主动求变”的变革模式，是指在战术变革发生发展过程中，主体通过思维的自由创造首先在头脑中完成了未来战术的先验设计，而后运用实验手段完成验证，最终建构出新的作战理论，从而完成战术的变革。这一模式可以描述为思维创造先行－实验手段验证－作战实践检验－形成战术体系。在这种模式中，主体的创造性思维发挥着关键性作用，战术变革从头到尾都表现出充分的主动性、创造性特征，作为主体的人深度参与并主导着变革进程，设计和牵引着战术的发展，所以称为思维先验设计与作战实验催化的主动求变模式。

无论是从美军作战理论创新的生动实践来看，还是从人类认知能力发展规律来看，思维先验设计与作战实验催化的主动求变模式，无疑将成为未来较长时期内战术变革的主要模式。

第 6 章　战争形态信息化智能化复合演变中思维方式的建构

这是一个伟大的时代，也是一个变革的时代。伟大的时代需要涵养伟大的精神，变革的时代需要首先变革思维方式。而思维变革本质上是"脑"的变革。对此，习近平同志在十八届二中全会上深刻指出："冲破思想观念的障碍、突破利益固化的藩篱，解放思想是首要的。……因此，一定要有自我革新的勇气和胸怀，跳出条条框框限制，克服部门利益掣肘。"[①] 当前，战争形态在加速向信息化演变的同时，以人工智能、高超声速武器、5G 通信技术等为代表的世界科技已经处于酝酿新发展新突破的前夜，特别是人工智能快速发展并加速向军事领域转移和运用，必将深刻影响和改变作战方式，并对战争形态发展演变产生重要影响，智能化战争已经"小荷才露尖尖角"，我们能否如蜻蜓一样"早立上头"？这不仅是实践发展的现实需要，更是加紧备战打仗、建设一流军队的内在要求。这就迫切地要求我们以自我革新的勇气和胸怀，有意识、自觉地检讨和反思战术认识活动的思维方式，在理性探讨思维何以可能、如何进行，搞清战术变革思维活动内在机制的基础上，坚持立足实际、以我为主，坚持"你打你的、我打我的"，坚持继承与创新相结合，破立并举，在合理吸收和继续发扬我国传统思维方式精华和优势基础上，加快建构既能适应信息化

① 习近平. 关于《中共中央关于全面深化改革若干重大问题的决定》的说明. 新华网，2013-11-15.

战争需求又着眼战争形态向智能化演变的、适度超前的思维方式，确保我们能够站在战术变革的潮头浪尖，引领新一轮的战术变革。

一、突出实践性，建构新的思维结构

马克思主义认为，思维活动是人类存在的一种方式，实践性是思维方式的第一性。列宁也认为："生活、实践的观点，应该是认识论的首要的和基本的观点。"[①] 观念不过是客观世界在人们头脑中的主观印象。在实践活动中，主体借助于一定的手段同客体发生关系，并按照自己的主观构想改造客体；同时，客体又反过来作用于主体，改造主体的认识和思维方式。因此，战争和战争实践是我们建构新的思维方式的基本动力。

（一）在思维基点上，立足战争形态发展

战争实践既是思维活动的主要对象，更是思维活动的客观基础。研究战争和战略战术首先要把思维活动的基点放在战争形态上，不能脱离战争形态去搞空洞的观念创新和思维变革。

1995 年，我国著名科学家钱学森先生在国防科工委首届科学技术学术交流大会的发言中曾经指出，在人类发展历史上，最初出现的战争是徒手战争；而后因为有了冶炼技术，产生了冷兵器战争；继之，由于火药的发明，热兵器战争登上历史舞台；科学技术的进一步发展，使人类具备了制造内燃机和其他机械兵器的能力，于是战争演化为机械化战争；20 世纪 50 年代，因为火箭技术和核技术的发展，诞生了具有巨大破坏力的远程核武器。远程核武器与高度发展的电子计算机技术和信息技术的结合，形成 20 世纪末和 21 世纪的战争形态——核威慑条件下的信息化战争。人们通常意义上对战争形态的划分即源于此。特别是 1991 年 1 月 17 日，分别由

---

① 列宁选集：第 2 卷［M］. 北京：人民出版社，1995：103.

4架“阿帕奇”武装直升机和2架“铺路洼”特种作战直升机组成的2个美军直升机编队悄悄地飞入了伊拉克上空，摧毁了伊拉克的“卡里”防空系统。这不仅标志着“沙漠风暴”行动正式开始，也宣告一个新的战争时代的来临。从此，战争形态开始加速向信息化演变。

战争形态的发展演变不仅在物质层面展开，而且必然在观念特别是在思维领域中同步展开。这可以从战争历史中找到足够的证据。信息化战争形态的发展演变，已经彻底颠覆了机械化战争时代的思维观念，信息主导、信息威慑、信息制胜、信息作战、制信息权等已经成为信息化战争中常用的概念范畴和话语体系，即信息已经渗透到了作战行动的整个过程和作战要素的各个方面，离开信息，战争将退回机械化时代。除了正在谈论的信息化，智能化战争的苗头也已经出现，由无人机组成的“蜂群”、机器人等已经进入战场，可以预见，人工智能也将与信息化战争形态下的“信息”一样，渗透到战斗行动和指挥决策的方方面面，在改变作战方式的同时，也必然改造人们的思维观念。

因此，研究战争形态信息化智能化复合演变进程中的战术变革，必须着眼战争全局，既要登高望远，看到军事领域发展变化的趋势和走向，这样在研究战术问题时才能不偏离大势，避免见木不见林；又要见微知著，善于在战争形态演变发展的初期即看出“端倪”，及时做出科学的判断，将思维基点放在正在发展演变的新的战争形态上。

（二）在思维指向上，瞄准主要作战对手

1945年，朱德曾将毛泽东的用兵方法通俗地概括为“有什么枪打什么仗，对什么敌人打什么仗，在什么时间地点打什么时间地点的仗”，这充分体现了一切从实际出发、实事求是的唯物辩证思想。**“对什么敌人打什么仗”从表面上看是制定战术时的基本原则和要求，体现着战术的针对性、灵活性。但从深层次上分析，我们知道，思维活动是由一定的问题引起的，当问题出现时，思维活动便被触发并沿着解决问题的方向前**

进，人们之所以研究战略战术，是因为有敌人的存在。因此，无论战争形态怎么发展演变，创新作战理论、推动战术变革都要始终瞄准主要作战对手。

20 世纪 70 年代以来，美军研发作战概念、创新作战理论都是针对主要作战对手进行的。1982 年首次提出、1986 年正式定型的“空地一体战”理论主要是针对苏联军队“高速度、宽正面、大纵深、多梯队”实施进攻和大纵深、多梯次配置进行防御的特点，即大纵深作战理论而开发出来的。1999 年，美国防部在其发布的《国防规划指南》中提出“决定性快速作战”概念，随后推出 0.5、1.0、2.0 版决定性快速作战白皮书。这一作战概念是针对不太强大的反美势力或可能对美国安全造成威胁的中小国家提出来的。2010 年，时任美国国防部部长的盖茨在一次讲话中正式提出的“空海一体战”则是适应美国战略重心东移、企图运用海空军力量将我国封锁在第一岛链内而形成的作战构想；其后推出的“反拒止 / 反介入作战”，针对我军应对强敌介入作战的意图更是昭然若揭。而混合战争则是“9 · 11”事件后，美军针对战争形态发展演变及其在伊拉克、阿富汗等战争行动进行深刻反思，针对既可能运用常规军事手段，也可能运用恐怖袭击、网络攻击、大规模杀伤性武器等非常规军事手段的敌人而创造出来的新的作战概念。美军开发作战概念、创新作战理论的实践明确地告诉我们，企图用“万能的作战理论”去打赢所有的战争是不现实的，也是不符合军事辩证法的。

因此，要始终牢记我们的主要作战对手是谁、在哪里，把主要作战对手的指挥特点、作战构想、装备性能、网络体系、可能行动等研究透彻，把未来的仗可能在什么地方打搞准搞透，真正做到知彼知己。即，既要在学习中认识战争发展变化和战术变革的客观规律，又要在实践中按照这些规律采取合适的行动去克服当前的作战对手。只有这样，才能增强思维活动的针对性，提升思维效率。

（三）在思维主旨上，紧盯战略前沿技术

军事领域的竞争，主要表现为军事技术的竞争。军事技术在战术发展史中始终占据着十分重要的地位，甚至是发挥主导性的作用。军事技术是物质上的技术与观念中的技术的结合，前者作为战斗的工具存在于战争和战争准备的全过程，后者作为操作战斗工具的知识、经验、技术而存在于人的观念之中。如前所述，军事技术的发展引发战争形态从冷兵器发展演变到今天的信息化，又即将演变到智能化。研究战术变革、推动战术变革，就要辩证地对待技术与战术的关系，既要关注和研究战略前沿技术的最新发展，又要高度重视战术对技术的牵引作用，将技术进步与战术变革统一起来。

要关注颠覆性技术可能给作战方式甚至战争形态发展演化带来的革命性改变。习近平指出：对于一个国家、一个民族而言，国防科技发展是具有基础性、引领性的战略工程。现在，世界主要国家都非常重视推进高风险、高投入、高回报的军事科技创新，不遗余力地发展能够大幅提升军事比较优势的战略前沿技术和颠覆性技术。特别是美国正在实施“第三次抵消战略”，加速发展太空、量子计算机、高超声速、人工智能、反导等技术，企图形成压倒性优势，继续在技术上领跑全球。2019 年 2 月 1 日，美国宣布从次日起暂停履行《中导条约》，启动退约程序。2 月 11 日，美国时任总统特朗普签署了《维护美国人工智能领导力的行政命令》（*Executive Order on Maintaining American Leadership in Artificial Intelligence*），确立五大原则、制定十大条文，以确保人工智能领域“美国优先”。可以毫不夸张地说，在技术发展突飞猛进的今天，进步慢就是落后！在增强国防科技自主创新能力的同时，作为军事理论研究工作者，要努力增强技术理解力和敏感力，做到识之于未发、见之于未萌，准确预测新兴技术可能给作战方式带来的改变，并转化为战术领域的自觉变革。

要充分发挥战术对技术的牵引作用。过去的战争是有什么武器打什么

仗，战术变革主要表现为军事技术主导与战争实践催生的被动应变模式。然而，随着人们认知能力的极大提高，“先设计再打仗”已经越来越成为战争的常态，战术变革模式正在从被动应变加速向思维先验设计与作战实验催化的主动求变模式转变。事实上，作为充满创造性和人类智慧的变革性活动，人类思维无论是在战术变革还是在技术发展中都发挥着至关重要的作用。军事史学家 T.N. 杜普伊就曾经说过，一种重要的新型兵器或者有重要改进的兵器的研制，其思路可能在很早之前就已经形成了。例如，在飞机和坦克出现大约 450 年前，伦纳德·达·芬奇就已经提出了这两种武器装备的设想。其实，军事技术不过是人类思维的物化罢了。所以，战术变革不是一种简单的物质运动，“打什么样的仗就研究制造什么样的武器”，如果放在 19 世纪肯定会被人讥笑为痴人说梦，可是在 21 世纪的今天，这已经成为一种现实可能。关键是我们**要在技术与战术的互动嬗变中科学预测技术发展的可能与战术变革的趋势，创造性提出具有开创性的作战概念，首先完成战术在思维观念上的变革，并在不断发展的军事实践中使技术与战术能够完美地融合在一起，完成战术在物质领域中的变革**。同时，需要注意的是，关注战略前沿技术，并不是“唯技术”，而是要自觉强化对技术的敏感力和预见性。

（四）在思维倾向上，坚持继续解放思想

思维方式作为文化的深层内核，是在一定的历史条件下形成的，离不开其赖以生存的历史和地理环境，所以思维方式往往具有一定的民族性和地域性。不同民族、不同地域的人们在认识、思考和解决问题时往往带有明显的民族和地域印记。我国传统文化发源于内陆，是在长期的农耕实践中形成的，是在总结周期性现象和长期生产生活实践经验的基础上建立起来的一套基准法则，即往往“以惯例作为先决模式”，同时，尊重权威、尊重遗训，认为“祖宗之制不可违”，把先人的典籍、古圣先贤的训条看成不可挑战的权威，不肯多说一句话，人们的思想和行为常常受到各种条

条框框的束缚和制约，表现出尊崇权威和传统惯例的思维倾向。这种思维倾向表现在战术活动中，就是唯战术理论、唯作战条令，固守传统而不肯变化。殊不知，在所有军事法规条令中，唯有作战条令是允许灵活运用也必须灵活运用的军事法规。从某种程度上说，学习作战条令的目的就是为了更好地“违反”条令。

解放思想是变革思维方式的重要前提。作为一种观念的运动模式，思维方式对主体的思维活动具有先在性。变革思维方式，首先要从思想上破除陈旧思维观念的束缚。思想不解放，无论是创新作战理论还是变革思维方式，都只能停留在空洞的说教和抽象的概念上。毛泽东强调要“反对本本主义”，坚持“一切从实际出发”，邓小平也指出，如果一切都从本本出发，迷信盛行，思想僵化，那一个政党、国家和民族就不能前进，就要亡党亡国。面对信息化、智能化战争汹涌澎湃的发展大潮，我们在看到武器装备等物质形态上深度变革的同时，更需要在思想上跟上和勇敢地面对这种物质形态上的变革，大胆破除权威理论、战斗条令等一切条条框框的束缚，真正从变化了的客观实际出发，让思想接上“地气”，敏锐地感知并深入思考军事技术客观发展、装备物质形态变化即将给作战方式带来的影响，以思想的大解放引领思维方式的大变革。

变革思维方式是解放思想的关键环节。解放思想的目的是达成主观和客观的统一。在思想解放的过程中，一方面战术主体要依据自身的需要与目的，按照“先验的”思维方式去接受、反映、理解和加工思维对象，即战斗力量、战斗时间、战斗空间、战斗方法等战斗诸要素，以使自己的主观世界符合不断发展变化的军事技术和战争实践等客观实际；另一方面，主体也在不断地发挥阐释、选择、评价、操作等思维功能，适时调整自己的思维方向、变革思维的形式，即作为“先验的”思维方式也在不断地进行自我变革。即，主体在自己的实践中，不断地检验这些主观反映的正确性并运用它们，从而无限地逼近客观真理。而**思维方式本身的自我变革，其实充当了联系解放思想和战争、战斗实践发展之间的**

中介的作用，根据军事技术发展和战争战斗实践的具体实际，不断调整解放思想的深度、广度和力度。刘亚洲将军在为《艰难一日》中译本所作的序言中写道："我军的突破口在哪里？在装备上？不是。在理论上？不是。在体制编制上？也不是。我们的突破口在心里。"[①] 笔者理解，刘亚洲将军所讲的"心"，应当就是思维观念。换句话说，应对战争形态的变化，推进军事改革，必须首先改变思维观念，来一场思想观念、认知领域的自我革命，真正以信息化、智能化的思维方式来认识战争、改造军队，这个问题如果解决不了，所谓的改革、所谓的创新都不能从根本上解决我军今天面临的现实问题，这些现实问题自然也包括战术变革在内。

（五）在思维方法上，坚持体系集成创新

思维方法是思维方式的重要方面，是主体通往客体的具体的手段和途径，是主体对思维对象进行反映、选择、理解、加工等思维活动时所运用的思维程序、规则与形式。思维方法可以分为形式逻辑的思维方法如概念、判断、推理，辩证逻辑的思维方法如分析与综合、归纳与演绎、抽象与具体、历史与逻辑，创造性思维方法如直觉、灵感、顿悟，以及科学思维、形象思维等方法。

回顾战术史上的任何一次变革，都不只运用了某种单一的思维方法，只不过思维方法这个概念出现的时间不长，但绝不能否认战术主体能够离开具体的思维方法去认识、研究和实践战术。建构信息化智能化复合演变战争形态下的思维体系，主体单纯地掌握某一种具体的思维方法是远远不够的，而必须构建起由形式逻辑思维、辩证逻辑思维、形象思维、灵感思维以及科学思维等众多思维方法构成的思维方法体系。在建立和掌握这一思维方法体系的基础上，战术主体应当注意到思维方法创新对于战

① ［美］迈克·欧文，凯文·马伦. 艰难一日——击毙本·拉登亲历记［M］. 陈雁，译. 北京：国防大学出版社，2012：序7.

术变革的基础性作用。科学发展史告诉我们，科学的进步往往取决于研究方法上的突破。研究方法每前进一步，科学研究就能随之升高一层，就可以望见更为广阔的远景，也可以望见许多先前望不见的事物。爱因斯坦创立相对论的实践也验证了这一点。战术变革虽然不是纯粹的科学研究，但战术作为一门科学，却与理论科学和技术科学的发展有着紧密的联系，借鉴科学研究的方法不但是可行的也是必须的，美军20世纪70年代以来创新作战理论的实践也已经做出证明。这就要求我们，**要全面掌握不同思维方法的功能机理，特别是探索性演绎方法的思维结构和功能机理，不断增强思维创造力；同时，还要结合战争问题研究深化对军事思维科学的学习研究，切实掌握军事思维规律，努力创新军事思维方法，以思维方法的创新和突破推动信息化智能化复合演变战争形态下思维方式的变革**。

二、突出时代性，超越旧的思维形式

恩格斯指出："每一个时代的理论思维，从而我们时代的理论思维，都是一种历史的产物，它在不同时代具有完全不同的形式，同时具有完全不同的内容。"[①] 当前，人类社会已经全面进入了信息时代，信息从来没有像今天一样在社会生产生活和战争实践活动中占据如此重要的地位，而人工智能也肯定无疑地会像信息技术对机械化战争形态的改造一样改造信息化的军事形态。这一深刻的时代变革，要求我们在思维方式上必须能动地反映出来，加速实现对原有思维方式的超越。

（一）加速实现创造性思维对守成思维的超越

钱学森曾经将思维类型划分为线型的逻辑思维、面型的形象思维和体

① 马克思恩格斯选集：第4卷［M］. 北京：人民出版社，1995：248.

型的灵感思维三种，并指出："我之所以提出三个层次，线型、面型、体型，是为了说明三种思维的发展潜力。线型的潜力不大，而体型的潜力最大。"[①] 钱学森这里提出的体型思维即灵感、直觉、顿悟等创造性思维，是人类由已知领域通往未知领域的必由之路。战斗是最激烈的对抗形式，是最少保守、最需要创造性思维的实践活动。然而战争经验来之不易，弃之更加可惜，所以远离战争时间愈久，人们的思维就愈趋保守。在世界新军事革命的大潮中，必须抛弃过时的、不适应战争形态发展演变的思维观念。

当前，在战争形态加速向信息化演变的同时，人工智能技术快速发展，特别是阿尔法狗（AlphaGo）的出现，预示着军队形态与未来战争方式可能将由软件定义。技术革命的浪潮已经在军事领域的各个方面汹涌澎湃，如果保守和偏见在军队中占据统治地位，仍然固守机械化思维而不肯改变，就不可能适应未来作战实践的新发展新要求，迎接我们的必然是信息化或智能化战争形态下的另一场"甲午战争"。"我们需要更新、更勇敢的头脑"[②]，敢于跳出墨守成规的思维窠臼，打破传统思维定式，大胆冲破在头脑中业已固化的机械化战争和合同作战的思维惯性、路径依赖，敢于质疑，敢于依据技术发展和新的实践创新战术理论，而不是用现有的理论强制性地"裁剪"新的实践。应力学说创始人 G. 塞利尔曾经把思维创造活动过程类比为人类的生殖过程，从恋爱到受孕、从怀胎到产前阵痛、从分娩到检查再到生活实践，从而最终证明了思维结果的科学性和正确性，被确立为科学理论。塞利尔的这个类比告诉我们，思维创造是一个长期的、艰苦的过程，离不开对某一问题的长时间的专注和思考。这其中的关键，是在技术敏感力驱动下、在代表未来战术发展方向的少量关键技术和关键事实支撑下，以灵感思维发现未来作战发展的"思想闪光"，以直觉思维通过"思想闪光"看到"成功的东西"，最后以顿悟思

---

① 刘奎林. 灵感——创新的非逻辑思维艺术［M］. 哈尔滨：黑龙江人民出版社，2003：4.

② 马克思恩格斯军事文集：第二卷［M］. 北京：战士出版社，1982：489.

维捕获“成功的东西”，即创造出新的作战概念，实现对现有作战理论的超越。

（二）加速实现体系思维对单一要素思维的超越

习近平在党的十九大报告中强调，要“加快军事智能化发展，提高基于网络信息体系的联合作战能力、全域作战能力”[①]。信息化战争是体系与体系之间的对抗，大到一场战争，小到一次战斗，都是在网络信息体系支撑下各种作战要素有机联动、聚势释能的过程。以计算机为核心，以指挥信息系统为平台，由卫星、网络、指挥车等构成的网络信息体系，将各种作战力量、各个作战单元、各个作战要素融为一个有机的作战体系，指挥员完全可以依托“一张网、一平台、一幅图、一条链、一个库、一流程”实时指挥战斗、实时评估打击效果、实时控制作战行动。机械化战争形态下侧重于单一作战要素的思维方式将无法适应信息化形态下的战斗行动，而必须在对战斗系统整体性把握的基础上，从强调火力、机动、侦察等某一作战要素，注重飞机、坦克等主战兵种的运用转向关注作战系统体系结构和综合运用、形成整体效能；从各自为战、自成体系转向以线聚点、连线为面、组面成网、体系集成，从而把参与战斗行动的各种战斗力量、武器系统、支援保障等诸要素，通过网络信息系统聚合为组织有序、功能优化的作战体系，实现“1+1>2”的效果。单个武器平台或单一作战力量即便再先进、再强大，也必须与其他作战要素和整体作战行动相互衔接、密切协同，设法消除、弥补或掩护体系内的短板，努力使作战体系成为一个具备自适应功能的强大系统，从而聚己方体系之力于一点、形成对敌方体系某一点或某一环节的强大杀伤。

人工智能的发展又进一步加剧了这种趋势。战斗机器人、无人机蜂群、无人潜航器等各类无人作战平台，将在智能化无人作战信息系统的

---

① 中国共产党第十九次全国代表大会文件汇编［G］. 北京：人民出版社，2017：44.

支持下，在地面、空中、水下、太空、网络信息等物理空间得到越来越广泛的实战部署和作战运用，从而也将改写人类的认知空间。特别是智能化作战信息系统将在数据挖掘、云计算、仿生技术、深度学习、智能算法等支持下，有效提升激烈对抗条件下对作战行动的自主认知、自主指挥、自主规划、自主控制能力，实现从信息搜集、情报融合到评估决策、规划计划的智能化、自主化，从而将各类无人和有人作战平台联结成一个智能化的作战体系。系统以比“人脑”更加高效、精确、迅速的方式指挥、控制各类智能化无人作战平台，体系聚能、要素融合、智能自主的特征更加突出，也就更加需要与智能化相适应的体系思维，实现对单一要素思维的超越。如果思维方式跟不上军事技术发展，那么军事技术“立即”“强制性”地改变作战方式的事情将再次上演，与其被动改不如主动变。

（三）加速实现复杂性思维对还原性思维的超越

以牛顿经典力学创立为标志，人类建立了近代科学体系，由此也形成了认识世界的思维框架和分析、还原的思维方法，即把复杂问题分解成部分、还原为简单事物，通过分解的方法来认识各个部件和各个要素之间的联系，而后再重新“组装”起来认识和把握整体。

还原性思维是以经典力学为代表的近代科学体系的副产品，也是人们研究问题的一种常用思维方式。但是，采取这种思维方式研究社会有机系统时往往带有“先天性的缺陷”，很容易割裂战术与战略战役、作战指挥、支援保障等学科之间、部门之间、业务之间的固有联系和相互作用，只在所谓的“战术的圈圈里打转转”。而之所以出现这种割裂，是缘于人类认识能力的局限，正如德国物理学家普朗克所说：“科学是内在的整体，它被分解为单独的整体不是取决于事物的本身，而是取决于人类认识能力的局限性。实际上存在着从物理到化学，从生物学和人类学到社会学的连续的链条，这是任何一处都不能被打断的链条。”① 如果单纯按照还原论的观点来认识和理解战略战术问题，那就很可能犯“只见树木、不见森林”的错误。所以克劳塞维茨在《战争论》中也曾指出：“技术和科学所使用的机械的思维方法是很少适用于战争的。”②

战术是科学与艺术、统一性与多样性、有序性与无序性、合规律性与合目的性的统一，“有上千种精神和物质因素在里面起着不同程度的作用”③。特别是网络信息体系支撑下的战斗行动，双方综合运用多种力量和多种装备在多维空间同时展开对抗，作战要素关联性和作用力十分复杂，系统涌现性表现得更加突出，作战方式非线性、非对称、非接触等特征愈加明显，对战斗行动和进程的指挥控制也呈现出多层次、多序列、多环节高度融合的特征，再高明的指挥官也难以直接控制到每一个战斗单元，但这些战斗单元却能在作战意图指导和网络信息体系作用下，呈现出适应性自组织的特征。这就要求我们，借鉴和应用复杂性科学的理论与方法，以开放的、整体性、非线性、联系的观点认识和把握战术发展变革，加快构建与信息化形态相适应的复杂性思维范式，提高战术决策的科学性、前瞻性。

（四）加速实现智能机器思维对物质、能量和信息思维的超越

从战斗双方最初的徒手格斗直至信息技术出现并物化为战斗力之前，军事技术创新始终是围绕打击力、机动力和防护力做文章。这一时期的战术，总的来说是形成力量上的对比优势并释放能量于对方，主导战术主体思维方式的是物质和能量。基于这种认识，国防科技大学原教授、博士生导师刘戟锋少将早在1985年就按照能量传递和转换关系将

---

① 涂元季. 一位科学家的马克思主义哲学观——学习《钱学森书信》的体会［N］. 人民日报，2007-07-20.

② 〔德〕克劳塞维茨. 战争论：第1卷［M］. 军事科学院，译. 北京：商务印书馆，1982：135.

③ 〔瑞士〕约米尼. 战争艺术概论［M］. 刘聪，译. 北京：解放军出版社，2006：18.

武器发展区分为三个阶段：机械能—冷兵器—机械能阶段、化学能—近代火器—机械能、热能阶段和核能—现代核武器—热能、光能、机械能阶段。[①]

随着信息技术的军事运用日益广泛并在战争舞台上占据主导性地位，战术也从机械化时代的合同战斗发展到了网络信息体系支撑下的联合战斗，制信息权成为作战双方争夺的焦点，信息思维也因此成为战术的重要的思维方式。但是，人工智能这场新时代的技术革命再次“打乱”了社会发展节奏和人类生产生活方式，云存储、云计算突破了单个计算机存储空间和计算能力的限制，5G 通信技术的发展将使人类进入万物互联时代，作战空间将突破传统意义上的物理空间，作战体系内的各作战平台和单元将无缝联结在一起，借助于深度学习、知识挖掘、人工神经网络等技术，机器不仅能够理解和执行命令，而且能像人类一样学习、思考、推理、判断与决策，这将极大地延伸和代替人脑的功能，人与武器深度融合成为一种新型的有机共生体，人的思维力、创造性与机器的执行力、精准性完美地结合在一起，从而将人类带入一种崭新的作战方式——智能化作战。这并不是夸大之词，而是已经走进了现实中的战场。早在 2015 年底，俄罗斯军方的 4 台“阿尔戈”机器人和 6 台“平台 –M”地面作战机器人在“仙女座 –D”指挥系统指挥下顺利完成了叙利亚某山区进攻战斗任务。据《科学进展》杂志报道，目前美国陆军研究实验室希望通过人脑活动模式研究，获取更多人脑思维活动的相关信息，并加强与高校协作攻关，开发能够预测个体行为和状态的机器人技术，以创建更加优化的“士兵—机器人”作战编队——这一编队能够自主地完成指挥官赋予的各种动态任务。如果进展顺利，那么，在智能化战斗行动中，战斗人员将从“舞台表演”退回“幕后操纵”，无人化的装备将自主、能动地执行指令并协同完成作战任务，甚至指挥员的决策指挥也有可能被越来越“聪明”的武器单

---

① 刘戟锋. 武器与战争——军事技术的历史演变［M］. 长沙：国防科技大学出版社，1992：5.

元和智能化的指挥信息系统取而代之，战斗将从“人对人”变成“机器对机器”，弱势一方的战士将沦为机器杀戮的对象。

事实上，这种理解目前还仍然局限在人工智能是在人类理性控制下有序发展的状态，我们现在还不能完全肯定或完全否定，人工智能会或者不会冲破人类理性的堤坝。如果将来某一天，人工智能的发展使得机器具备了人类的情感和智慧，从而最终摆脱人类的控制，战争的规则可能会就此改写。但就目前这个阶段来说，不管愿意与否，我们的思维方式都必须与智能化的作战方式相适应，加速超越以物质、能量和信息为主导的思维方式。着力增强技术敏感度和理解力，在对技术与战术互动关系深刻理解的基础上，创造性洞察其发展趋向及可能给作战方式带来的深刻影响，科学地提出新的作战概念、创立新的作战理论。

三、突出创新性，学习新的思维方法

著名科学家高士其曾殷切地告诫我们，只有具备正确的思维方法，养成独立思考问题、分析问题和解决问题的能力，才能把所学的知识和技术灵活地运用到物质生活和客观世界的改造中去。如果对方法划分层次的话，那么作为世界观和方法论的哲学方法无疑是最高层次的方法，其下是某一学科门类的一般方法，再其下才是完成某项具体事情的特殊的具体方法，而思维方法无疑属于哲学方法的范畴。不掌握哲学层面的思维方法单纯地就具体事情学习方法，那就是舍本逐末，也必然不可能在科学研究和具体问题处理上行稳致远。因此，建构新的思维方式，参与和推进智能化战争形态下的战术变革，必须自觉运用马克思主义哲学的立场、观点、方法，加强对思维方法的学习训练，尤其是探索性演绎思维、计算思维、系统集成思维，以及灵感、直觉、顿悟等创造性思维方法的领悟和运用。

（一）探索性演绎思维方法

关于探索性的演绎思维，在前文已经做过阐述，这里不再赘述。同时，对美军作战理论创新的思维机理分析也再次验证了这一思维方法对于开发作战概念、创新作战理论、自觉推动战术变革的重要作用。

1. 探索性演绎思维方法是设计未来作战的必由之路

关于探索性的演绎思维，爱因斯坦曾经说过："适用于科学幼年时代以归纳为主的方法，正让位于探索性的演绎法"，即"由经验材料作为引导，……提出一种思维体系，它一般是在逻辑上从少数几个所谓公理的基本假定建立起来的"①。爱因斯坦正是通过思维方法的创新，创立了狭义相对论和广义相对论，将人们从牛顿的绝对时间与绝对空间的观念体系中解放出来，确立了相对时间与相对空间的观念体系，实现了对牛顿经典力学理论的超越和对科学理性思维范式的突破，从而成为引领科学理论创新的典范。

当前，以信息化为核心，以军事战略、作战思想、军事技术、组织形态等创新为主要内容，以重塑军事体系为主要目标的新军事革命正汹涌澎湃，以前所未有的广度和深度冲击着军事领域的各个方面，也冲击着人们的思维观念。新军事革命首先是认知领域的一场革命，逻辑地蕴含着重新审视既往战争经验、重新建构新的战争认识与实践范式的内在要求。人的认知能力、思维方式等的地位作用比以往更加凸显。世界各国军队特别是以美国为首的强国军队始终紧盯军事发展前沿，早已将战争准备的模式从被动应对战争转到了主动设计战争上，即已经从"向后看"转变为"向前看"。这是一种更为科学的、先进的战争准备理念，过去的战争只能提供可资借鉴的经验，而打赢未来战争才是最终的目的。这就要求我们更加重视探索性的演绎思维方法的学习训练，打开思维的空间，在深刻洞察战争

① 许良英，范岱年. 爱因斯坦文集：第 1 卷［M］. 北京：商务印书馆，1976：262.

发展趋势的基础上科学设计战略战术。

2. 准确把握探索性演绎思维方法的运行机制

探索性演绎思维方法的思维机理是从直接的经验或事实出发，提出理论假说，建立公理体系，导出推论，而后再用事实验证推论的正确性。爱因斯坦进一步解释说："一般地可以这样说，从特殊到一般的道路是直觉的，而从一般到特殊的道路则是逻辑的。"① 转换到战争领域，就是从战争的经验材料到作为逻辑性演绎基础的新的作战理论，二者之间不存在逻辑的道路。也就是说，对机械化战争战史材料的归纳并不能直接推导出"空地一体战""快速决定性作战""多域战"等概念，而必须经过灵感、直觉、顿悟等"思维的自由创造"。因此，要善于解放思想、开动脑筋，大胆提出各种关于未来作战的假说和设想，如有的同志提出的"云作战""目标中心战"以及目前正在兴起的"智能化作战"等，都属于在头脑中对未来作战方式做出的假定性的揭示和解释。这种假定性的揭示和解释，是建立在新军事技术快速发展基础之上，是以一定的军事理论知识为依据，经过合理的预测，以及归纳与演绎、抽象和具体等提出来的，具有科学性的特点。然而，作战理论假说只要未被包括军事演习和实际发生的战争所证实，它就只能是一种猜测性的推断，还上升不到作战理论的高度。正如恩格斯在评价哥白尼的太阳系学说时所说的那样："哥白尼的太阳系学说有 300 年之久一直是一种假说，这个假说尽管有 99%、99.9%、99.99% 的可靠性，但毕竟是一种假说。"② 因此，提出作战理论假说，并不意味着理论研究的终结，更不能说已经改变了作战方式、完成了战术的变革，而应当借助于实验室和训练场等进行反复推演，从部队编成、技术装备、作战保障等各个方面进行反复的检验，不断

① 许良英，赵中立，张宣三. 爱因斯坦文集：第 3 卷［M］. 北京：商务印书馆，1979：490–491.

② 马克思恩格斯选集：第 4 卷［M］. 北京：人民出版社，2012：232.

地对假设予以修正和完善，而一旦发现根本性的偏差或错误时就要断然放弃。

3. 综合运用逻辑思维、形象思维、辩证思维等方法

探索性演绎思维本身是一种思维方法，但这种思维方法不是空中起高楼，而是建立在逻辑思维、形象思维和辩证思维等思维的方式方法之上。除此之外，我们也不应该忽视对战争经验的学习和吸收，没有任何一个科学的、有用的理论成果是由纯粹的、观念的思辨产生的。世界名将拿破仑总是极力出其不意、攻敌不备，避免因循守旧，在制订作战方案时总是试图让敌人无法预料他即将采取的行动，只要有机会他就采取机动和欺骗相结合的方法，绕过敌人侧翼而直插交通线。他虽然没有著书立说提出新的作战理论，或是对他自己的军事思想做出系统总结梳理，但从他的笔记和辉煌战绩里，我们仍然可以窥视到他的一整套的作战方法以及指导他采取这些作战方法的军事思想。而这一切，都建立在他从战史、古代名将和军事科学的研究中抽象出来的规律和汲取到的原则，以及他对哲学思维和逻辑思维方法的自觉运用基础之上。正如富勒曾经评价的那样，“他的探索体系，其中包括侦察、谍报、从邮局截获信件，等等，只是以证实或打消他原来的假设为目的。……原来的假设情况不断地被证实或消除，计划的不确实性也就减到了最低限度”[①]。事实上，在人的思维过程中，并不会将形象思维与逻辑思维、辩证思维与创造性思维等不同的思维形式和方法绝然分离，对思维方式和思维方法的分类只是思维科学研究的需要，人们总是针对具体的问题和具体的思维对象，综合性地运用各种思维方法，以达成主客观相一致的目的。

（二）计算思维方法

人类很早以前就已经掌握了计算，但计算思维则是伴随着计算机科

① 〔英〕J. F. C. 富勒. 战争指导［M］. 北京：解放军出版社，1985：37–38.

学和技术的快速发展与广泛运用而兴起并被日益推崇的，它突破了理论思维和实验思维方法的局限，为战争研究和军事理论创新提供了一种新的思维工具和重要方法，成为与理论思维、实验思维并列的三大科学思维方法之一。

1. 准确把握计算思维的科学内涵

美国卡内基·梅隆大学的周以真教授于2006年提出了最具代表性的计算思维的概念，即“计算思维是运用计算机科学的基础概念进行问题求解、系统设计以及人类行为理解等涵盖计算机科学之广度的一系列思维活动”[①]，认为计算思维的本质是抽象和自动化，并进一步阐述计算思维的具体内涵，如表6.1所示。董胜荣教授用“思想与方法”代替了周以真定义中的“基础概念”，让人更容易理解和把握计算思维的内涵。

表6.1 计算思维的内涵

计算思维是什么	计算思维不是什么
是概念化思维	不是程序化思维
是基础的、根本的技能	不是机械的技能
是人的思维	不是计算机的思维
是思想	不是人造物
是数学与工程思维的互补与融合的思维	不是数学性的思维
计算思维面向所有人、所有领域	不是局限于计算学科

2. 计算思维为从作战概念到战斗实践提供了工程化的实现途径

“战争设计工程”概念的提出者、军事运筹学学会理事长、博士生导

① 唐培和，徐奕奕，王日凤. 计算思维导论［M］. 桂林：广西师范大学出版社，2012：8.

师沙基昌教授认为，战争是打出来的，但也是设计出来的，尤其重要的是军事家头脑中对战争的设计。计算机科学、运筹学及人工智能等的发展为进行战争设计、开展作战实验提供了强大的技术支撑，这也是美军作战概念开发必不可少的环节。工程化应该是计算思维的本质属性，如果说科学的目的是探索和发现知识、真理，技术的本质是发明工艺和方法，那么工程则恰恰是连接科学与技术、解决“如何实现”“应该怎么做”的问题。在主体运用探索性演绎思维方法提出作战理论假说后，为了检验这一假说是否正确，通常有两种方法，一种是实践检验，即通过作战实践进行验证；一种是推理论证，即在头脑中根据作战规律、原则等进行思维推理。计算机科学的发展，为推理论证提供了新的方法和工具，即借助工程化的手段进行检验和修正。其过程大致可以描述如下：首先，借助于符号化、离散化、模型化的工具完成对作战理论假说的抽象表达，运用复杂性科学的理论与方法，按工程设计的规则将作战过程中双方力量对抗转化为仿真模型；其次，确定数据结构，并研究数据处理的方法和步骤，即算法，使作战理论假说描述的作战过程一步步地实现；再次，将算法通过编码转化为计算机能够识别的程序代码；最后，运行模型，对作战概念进行模拟仿真。

3. 努力学习掌握计算思维方法提升计算思维能力

计算思维是一种方法论，是利用计算机技术求解作战设计与战术变革问题的思维方法，它提供了一种独特的研究解决战争工程设计问题的方式。面对战争形态信息化智能化复合演变的趋势，迫切需要我们强化基于计算思维的作战问题研究理念，深刻认识计算在解决问题过程中的作用，批判性地学习借鉴美军作战实验的经验做法，掌握运用计算思维解决问题的方法步骤，建立信息、计算、智能三大核心概念，注重加强计算思维能力训练，尽快克服我军思维模式中模糊性、直觉性的不足，培养以“合理抽象、高效实现”为主要特征的思维构造能力，推动我军作战概念开发，促进战术发展变革。

（三）系统集成思维方法

钱学森在20世纪90年代初就指出："现在能用的、唯一有效处理开放的复杂巨系统（包括社会系统）的方法，就是定性与定量相结合的综合集成方法。"① 这一方法的实质，是将专家群体、数据和信息与计算机科学有机结合起来，把人的经验与学科的专业理论有机结合起来，即钱老提出的"综合集成研讨厅"。当前，基于网络信息体系的一体化联合作战已经成为基本作战形式，作战双方体系与体系的对抗成为基本的对抗形态，甚至是小规模的战术行动也体现出大体系支撑的鲜明特点，任何先进的武器装备离开了体系支撑根本发挥不出应有的作战效能。作战体系日益复杂，要素与要素之间实时联动，战争和战斗活动处理的不但有"既是活的又是有反应的对象"，而且还有体系与子体系、体系与要素、要素与要素之间时刻都处于高速交换状态的物质流、能量流、信息流，是一个复杂的巨系统。而即将到来的智能化战争形态，除了物质、能量、信息交换之外，又将呈现出复杂性、自适应、涌现性等特征，迫切需要更新思维观念，确立系统集成的思维方法。

1. 系统集成思维是系统思维在当今时代的新发展

所谓系统集成思维，即以信息网络为纽带，优化整合系统内部各子系统之间的联系，强化和大幅提升系统的体系能力，实现系统一体化目标的思维方法。系统集成既是一种重要的技术方法，如设备系统集成和应用系统集成等，也逐步成为一种重要的思维方法，它是伴随着信息技术发展而出现的。美军通过其 C^4ISR 系统将指挥（command）、控制（control）、通信（communication）、计算机（computer）、情报（Intelligence）、监视

---

① 钱学森，于景元，戴汝为．一个科学新领域——开放的复杂巨系统及其方法论［J］．自然杂志，1990（1）：3-10.

（surveillance）、侦察（reconnaissance）等作战要素集成到一起，实现了作战能力的提升。随着 5G 通信技术的商用，万物互联将成为现实，这也为系统集成提供了强大的技术支撑。美军猎杀本·拉登的“海王星之矛”行动就是在典型的大体系支撑下的战术级精兵行动。行动中，侦察卫星和“全球鹰”无人机实时传输目标画面，C-17 战略运输机远程投送行动部队，CH-47“支奴干”直升机运载补充燃料，“卡尔·文森号”航空母舰提供海上支援，MH-60“黑鹰”直升机搭载海豹突击队员，突击队员配备“陆地勇士”单兵作战系统，与联合行动中心实时共享情报信息，卫星通信系统将行动实时传回五角大楼，时任美国总统奥巴马在五角大楼坐镇指挥。从作战方式上看，充分体现了陆、海、空、天、电五维一体联合作战的特征，而将这一切紧密联结并融合为一体的无疑是美军先进的指挥控制系统，这恰恰就是系统集成的核心所在。即以信息集成为核心，以武器系统集成为基础，以编制力量集成为载体，以网络体系集成为平台，以作战体系集成为目标，通过思维的谋划设计，将作战力量、武器、技术、信息等整合成智能化的作战体系。

2. 坚持在作战实验中集成理论与技术成果深化设计、助推变革

习近平指出：“要深入研究理论和科技融合的内容、机制和手段，把理论和科技融合的路子走实走好。”[①] 再先进的作战理论如果在技术上行不通都是纸上谈兵，再先进的技术如果缺乏先进理论的支撑也无用武之地，而作战实验就是打通理论与技术之间隔阂、实现理论和科技有效融合，进而推动作战研究从思辨走向实验、从实验走向实践的重要手段和基本途径。要以“综合集成研讨厅”的方式将作战理论、装备技术、信息技术和系统工程等领域专家的智慧集中起来，确保作战实验的多维度多视角多方位。如美陆军就专门设有概念分析局，将科学家、军事专家、参谋人员、

① 习近平在视察军事科学院时强调努力建设高水平军事科研机构为实现党在新时代的强军目标提供有力支撑［N］. 解放军报，2018-05-17（1）.

专业技术人员与计算机结合，组成人机智能系统建立数学模型，分析评估作战能力，提出决策建议。要充分利用人工智能、大数据、信息技术、军事运筹等方法工具，构建虚拟与真实相结合的实验环境，在实验系统运行中检验修正作战概念，完善作战理论构想，使理论之“矢”能够更加精准地射向未来战场之“的”，把理论创新与军事技术发展统一于作战实验之中，用技术原理探索制胜机理，最终实现作战理论、战斗力量、武器装备、信息系统、编制结构等要素的系统集成，提升体系作战能力，形成从实践到理论、再从理论回到实践的闭环回路，在理论与实践的良性互动中推动作战方式的变革。

3. 强化系统集成意识、努力掌握集成的思维方法工具

波音飞机的发动机由通用电气设计、日本川摩重工和德国宝马公司生产制造，航电设备由德国和瑞士的公司提供，机体材料铝合金主要依赖进口，而波音公司主要负责飞机系统的总体设计，也就是系统集成。同样道理，战术变革看似作战方式的变革，而实则由战术思想、作战理论、装备技术、编制结构等诸要素综合集成变革而来。推动战争形态信息化智能化复合演变过程中的战术变革，一要树牢系统集成理念。不断更新知识结构，加强对自然辩证法和科学方法论相关知识的学习，了解思维方式在科学发展演化过程中的重要作用，特别是加强耗散、协同、自组织等复杂性科学知识的学习，不断提高对战术变革问题的思维认识水平。二要强化数学思维理念。马克思曾经指出，一门科学只有成功运用数学时，才算迈进科学的门槛。沙基昌教授将数学理论工具与严谨的推理方法应用于战术研究，建构了数理战术学的理论体系。要将系统集成思维方法运用于作战实验、推动作战理论建构和战术变革，就应当强化数学思维，将专家的经验智慧与数学方法结合起来，构建简单、实用、可行的作战模型，实现经验与数学、定性与定量的综合集成。三要强化信息思维理念。加强以计算机为核心的信息科学学习，学会借助网络信息体系，将数据、模型、方法、

知识、问题等联结成一个系统，使各种资源优化配置，实现基于网络信息系统的综合集成。

（四）灵感、直觉、顿悟思维方法

创新是军队发展进步的灵魂，是军事科学发展进步的原动力。推动战争形态信息化智能化复合演变过程中战术的变革，是充满创造性的活动，是更高程度和更为综合的创新，而创新必须掌握创新的思维方法，不断提高创新思维能力。其中，很重要的一方面就是要加强灵感、直觉、顿悟等非逻辑思维方法的学习训练。我国著名科学家钱学森在 20 世纪 80 年代曾深刻指出："凡有创造经验的同志都知道光靠形象思维和抽象思维不能创造，不能突破；要创造要突破得有灵感。"[①] 并进一步指出，抽象思维是一步一步推论，是线型的；形象思维是"多路并进"，是面型的；至于"灵感思维就更复杂了，它涉及潜意识，多个自我，不单局限于'显意识'……所以灵感思维是体型的，更难弄了"[②]。这进一步说明灵感、直觉、顿悟等思维方法不同于抽象思维和形象思维，在创造性活动中占据着极其重要的地位。

1. 灵感思维方法

灵感是主体在经验基础上由触媒激发而迸发出来的思想闪光和思想跃迁。思想闪光是突破传统思维迸发产生的新的思想的光亮，思想跃迁则是指由新的思想闪光产生出来的新概念、新观点、新思路等的端倪。灵感思维被认为是突破性创造的最重要的思维工具，其创造活动的思维机制如图 6.1 所示。[③]

---

① 刘奎林. 灵感——创新的非逻辑思维艺术［M］. 哈尔滨：黑龙江人民出版社，2003：71.
② 刘奎林. 灵感——创新的非逻辑思维艺术［M］. 哈尔滨：黑龙江人民出版社，2003：9.
③ 彭健伯. 创新的源头工具：思维方法学［M］. 北京：光明日报出版社，2010：321.

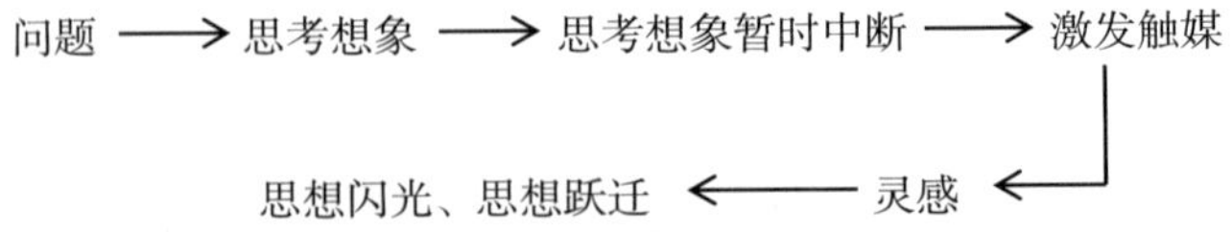

图 6.1　灵感思维创造活动的内在机制

从这一机制可以看出，灵感源于问题，是在思考解决问题过程中出现思维短暂的中断，或是外部诱因或是大脑意识积淀激发触媒从而突然涌现出灵感。既然是灵感就不能被意志所左右，不是想来就来想有就有，不是按部就班，有时可能是“眉头一皱，计上心来”，有时可能冥思苦想、苦苦求索不得而陷入“山重水复疑无路”，不经意间突然灵光一现，“柳暗花明又一村”。但这并不意味着灵感思维无法学习掌握。据说，南昌起义失败后，朱德看见一个老农往农田里放水，朱德就问道：“大爷，你把水放下去不是把下面的庄稼淹没了吗？”大爷回答说：“淹掉下面小的是为了保存上面大的。”朱德突然闪现出起义部队可以暂时放弃占有的小地方，到井冈山与毛泽东会师以保存革命力量的想法。这就是由“放水”这一触媒激发出的灵感。灵感基于经验，灵感源于问题，灵感在于勤奋思考。“二战”期间，德军的反坦克炮面对英军“马蒂尔达”式坦克无能为力，这使得德军元帅隆美尔寝食难安，一直思考怎么解决这个问题，一天，他视察高炮部队突发奇想，用高炮对付英军坦克，这一灵感使英军遭受了重大损失。这就启示我们，要有强烈的问题意识，加强学习逻辑思维知识，开发左脑的逻辑思维能力，同时又要培养和开发右脑的形象思维能力，促成左脑与右脑、逻辑思维与形象思维的交互作用，促发头脑风暴，产生灵感思维力。

2. *直觉思维方法*

直觉是主体在诱发的灵感或直接经验的基础上，直接领悟到事物本质或达成认识的跃升。直觉又被称为“思维的感觉”，与“感性的感觉”相对应，是一种基于抽象思维的思维跳跃。一般来说，从一般到特殊的道路是逻辑的，而从特殊到一般的过程往往是直觉的。法国哲学家亨利· 柏格森甚至认为，近代科学的伟大成就都源自直觉，直觉提供了在感性认识和理性认识之外能够直达真理的捷径和方法。直觉思维可以区分为灵感型直觉和直接经验型直觉，其思维机制可以用图 6.2 表示。

灵感（直接经验）⟶ 直觉 ⟶ 一般原理（假说）

图 6.2　直觉思维的思维机制

直觉虽然是直达事物本质，但它是建立在灵感和直接经验基础之上的，是长期理性思考的结果。在战术活动中，直觉思维往往发挥着十分重要的作用。美国联合部队前司令马蒂斯认为：“在弄清楚复杂问题真实性质的基础上，确定解决该问题的办法，将有助于推动随后的筹划和实施活动。这个过程中，指挥官的判断、远见、直觉、经验和构思尤为重要。”① 比如，选择突破口或者判断敌人的主攻方向，尽管搜集到的敌情、我情、战场环境是相同的，但有经验的指挥员往往能“凭感觉”一眼看穿、一语中的，从而做出正确的判断、定下正确的决心，而经验欠缺的指挥员常常会犹豫不定，这其实就是直觉思维发挥出了重要作用。这就要求我们，要盯着问题持续探究，加强对关于战术问题的知识和能力的积累，善于运用直觉思维方法进行“思维的感觉”，不断提高直觉思维创造力，方能透过现象的层层迷雾直接把握事物本质。

3. 顿悟思维方法

顿悟是主体对百思不得其解的问题在灵感、直觉的激发下而突然找到问题的答案、悟出事物真谛，茅塞顿开、豁然开朗。古印度王子乔达摩 · 悉达多苦修 6 年，求解脱生死之道而不得，后来在菩提树下静坐一夜而悟透宇宙人生的真谛，这就是顿悟。与顿悟相对应的是渐悟，顿悟是突然明白，渐悟是循序渐进、是慢慢地明白。一个完整的创造过程是从灵感产生

① 胡晓峰 . 战争工程论［M］. 北京：国防大学出版社，2012：299.

“思想闪光”或“思想跃迁”开始，通过直觉思维去把握思想闪光或思想跃迁的本质，进而以顿悟的形式突然明白或悟到思想闪光或思想跃迁的本质的成果，即顿悟出来的是思维创造活动的最终成果。顿悟思维过程可用图 6.3 来表示。

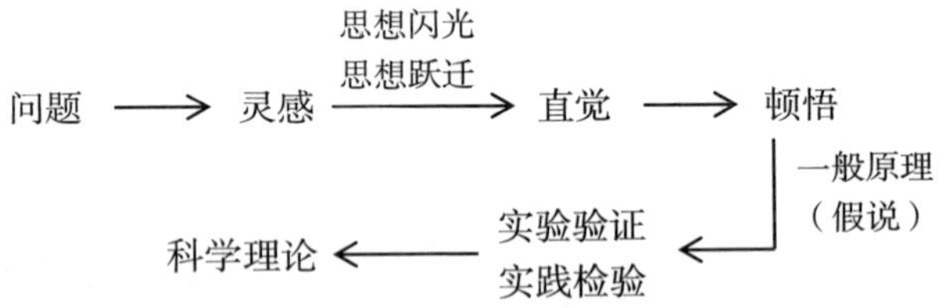

图 6.3 顿悟思维创造活动的过程

顿悟思维常常是形成突破的重要思维工具，加强顿悟思维能力训练就显得十分重要。古人说，“诚则明矣，明则诚矣”，修行与顿悟其实是一个东西，功夫到了，智慧自然开；智慧开了，功夫一定到。没有渐修，不可能顿悟，换句话说，渐修是十月怀胎，顿悟是一朝分娩。这就告诉我们，要学习运用顿悟的思维方法，就必须把功夫下在平时，建立合理的知识结构，形成深厚的知识储备，注重深化研究战术理论和相关学科理论，锻炼提升哲学思维能力，既要在战术框架内研究战术的史、论、专、辅等理论问题，也要跳出战术框架研究哲学、自然科学、技术科学、心理学、思维科学、系统科学等与战术发展变革之间的相互联系和相互作用，在战术理论研究与实践中不断提升观察力、想象力、思维力，开发提高我们的顿悟思维创造能力。

本章结论

变革旧的思维方式、建构新的思维方式，实现思维方式的信息化，其实质是世界新军事革命和建设能打胜仗的世界一流军队在人们知识与智力结构、意识与心理中所引起的深层次的变革，是马克思主义哲学思维方式随着科学技术进步和战争实践发展而形成的新的思维体系、思维形式与思维方法。需要说明的是，思维方式的变革和建构，是对旧有思维方式的扬弃而不是彻底地抛弃。任何一种思维方式都不是万能的，不可能解决战术变革的一切问题。而战术变革的复杂性也客观地要求多种思维方式有机互补、多元融合，这样才能更加有效地引领变革的方向、促进变革的实现。

事实上，创造或创新活动是一个非常复杂的思维过程，要综合运用多种思维方法，既包括逻辑思维方法，也包括非逻辑思维方法，前者的主要功能在于“发现”，后者则在于“创新”和“突破”。这些发现、创新和突破构成了人类思维的全部本质，所以，思维被誉为“地球上最美丽的花朵”。

针对战争形态信息化智能化复合式演变的趋势，迫切需要我们以自我革新的勇气和胸怀，有意识地、自觉地检讨和反思战术认识活动的思维方式，在理性探讨思维何以可能、如何进行，搞清战术变革思维活动内在机制的基础上，坚持破立并举，加快建构既能适应信息化战争需求又着眼战争形态向智能化演变的、适度超前的思维方式，即突出实践性、加快建构新的思维框架，突出时代性、加速实现思维形式超越，突出创造性、加强思维方法学习训练，这样，才能确保我们始终站在战术变革的潮头浪尖，引领新一轮的战术变革。

结　　语

在新军事革命浪潮里，在战争形态信息化智能化复合式演变的进程中，必须牢牢把握新军事革命的灵魂，进一步解放思想，努力推动思维观念的根本性变革。事实上，伴随着实践活动的展开，必然内含主体的思维活动，换句话说，思维与实践是一个活动的两个方面。所以，在思维方式与战术变革实践面前，人们的思维指向已经发生了根本性的转变，即从原来的学习战争转到了设计战争。这是本书研究的整体的大的背景。本书主要研究思维方式与战术变革之间的关系，侧重于揭示思维方式对于战术变革的能动作用，并不是否定社会实践和战争实践对于思维方式的决定性作用。

但是，纵观战术发展实践，一部战术的变革史实质上也是一部思维方式不断转换、不断更新的历史。**只要深刻地反思战术变革的实践，我们就能够从战术变革实践的物质外壳中，发现思维方式在战术变革物质运动过程中所承载的观念内核**。当前，以信息技术为核心的世界新军事革命以前所未有的广度和深度冲击着作战方式和军队的组织形态。在这场新军事革命中，无论军事技术发展多么眼花缭乱，无论作战理论怎么层出不穷，归根结底是由人创造出来的。人的认知能力、能动意识和思维方式比以往任何时代都更加重要、地位更加凸显。

战术变革研究不是一个新的课题。在战术变革的具体展开过程中，无时无刻不伴随着主体的思维活动。重新审视战术变革中人的能动作用，有意识地、自觉地检讨和反思战术变革活动的思维方式，理性探讨思维何以可能、如何进行，搞清战术变革思维活动的内在机制，从战术变革与思维方式的相互关联中，深刻地理解和把握战术变革的本质，有利于更加充分地发挥人在战术变革中的主观能动作用。同时，也有利于以思维方式变革为先导，从传统的思维观念中解放出来，理性地把握战术变革的趋势，更好地驾驭战术变革，为自觉推动战术变革提供思维保障。

要知道梨子的味道，就要变革梨子，就要亲口尝一尝。然而，笔者并没有亲历战术变革的感性认识，所以也只能围绕上述问题，尝试性地做了一些理论上的初步探讨。恩格斯在《自然辩证法》中早就指出："终有一天我们可以用实验的方法把思维'归结'为分子的和化学的运动；但是难道这一来就把思维的本质包括无遗了吗？"思维可能是迄今为止最为复杂的融生物、历史、文化、社会、经济、军事、心理等多学科于一体的现象，"人脑究竟是怎么思维的"更是至今尚未完全破解的世界性课题。本文仅仅从认识论的角度提出了战术变革思维方式的命题，文中所探讨的战术变革主要局限在陆战战术的范围内，而对海战战术和空战战术的发展演变问题很少涉及，这主要囿于作者军种所限，对海战和空战了解不多，所以仍需就此问题继续求教于海军空军方面的战术专家。但从战术发展变革的历史来看，不管是海战、空战还是陆战，战术发展的脉络是一致的、战术变革的内在机理是相通的，这一点或许可以多少弥补一些笔者海空军专业知识涉猎较少的不足。

"知之非艰，行之惟艰。"认识并不困难，而困难的是行动、是实践。今天，我们认识到思维方式影响甚至制约着战术变革的进程，但更重要的是自觉变革思维方式，把主体思维方式的自我变革与战术自身的变革统一起来，真正做到以"知"促"行"、以"行"促"知"、知行合一。如果能够达到这样的目标，本书就算功莫大焉了。

人的思维是至上的，个人的思维又是不至上的；人的认识能力是无限的，个人的认识能力又是有限的。人类只有在战争实践不断发展前进的过程中，才能更深刻更准确地把握战争和战斗的规律。总的来说，笔者所做的尝试是非常初步的、肤浅的，甚至有可能是错误的。因此，笔者真诚地欢迎一切军事学术爱好者、研究者、实践者批评指正！因为，我们不能简单地走向未来，而必须创造未来；我们不能被动地应对战争，而必须主动设计战争。只要有利于达成这一目标，无论什么样的批评都是有价值的。

参 考 文 献

［1］马克思恩格斯选集：第1至4卷［M］．北京：人民出版社，2012.

［2］马克思恩格斯军事文集：第1至5卷［M］．北京：战士出版社，1981.

［3］毛泽东选集：第1至4卷［M］．北京：人民出版社，1991.

［4］毛泽东军事文集：第1至6卷［M］．北京：军事科学出版社，中央文献出版社，1993.

［5］恩格斯．自然辩证法［M］．北京：人民出版社，2015.

［6］［德］克劳塞维茨．战争论：第1至3卷［M］．中国人民解放军军事科学院，译．北京：商务印书馆，1982.

［7］［瑞士］A.H. 约米尼．战争艺术概论［M］．刘聪，译．北京：解放军出版社，1986.

［8］［英］J.F.C. 富勒．西洋世界军事史：第1至3卷［M］．钮先钟，译．桂林：广西师范大学出版社，2004.

［9］［美］T.N. 杜普伊．武器和战争的演变［M］．李志兴，严瑞池，王建华，等译．北京：军事科学出版社，1985.

［10］胡晓峰．战争科学论：认识和理解战争的科学基础与思维方法［M］．北京：科学出版社，2018.

［11］胡晓峰．战争工程论：走向信息时代的战争方法学［M］．北京：国防大学出版社，2012.

[12] 陶文楼. 辩证逻辑思维简史 [M]. 天津：南开大学出版社，1984.

[13] 高晨阳. 中国传统思维方式研究 [M]. 北京：科学出版社，2012.

[14] 陈中立，杨楹，林振义，等. 思维方式与社会发展 [M]. 北京：社会科学文献出版社，2001.

[15] 周昌忠. 西方科学方法论史 [M]. 上海：上海人民出版社，1986.

[16] 张云阁. 马克思思维方式论——马克思哲学与费尔巴哈哲学关系研究 [M]. 武汉：武汉大学出版社，2007.

[17] 胡懋仁. 科学与思维——科学技术的进步与思维方式的嬗变 [M]. 北京：北京航空航天大学出版社，1995.

[18] [美] 伦纳德·蒙洛迪诺. 思维简史——从丛林到宇宙 [M]. 龚瑞，译. 北京：中信出版社，2018.

[19] 杨志远，彭燕眉. 战术学 [M]. 北京：军事科学出版社，2002.

[20] 金玉国. 世界战术史 [M]. 北京：解放军出版社，2012.

[21] 郭安华. 合同战斗发展史 [M]. 北京：解放军出版社，2001.

[22] 卢林. 战术史纲要 [M]. 北京：解放军出版社，1987.

[23] 王东生，黄培义. 战术的哲学基础 [M]. 北京：解放军出版社，2008.

[24] 印伯伦. 我军战术发展史略 [M]. 北京：军事科学出版社，2002.

[25] 郭安华. 合同战术学教程 [M]. 北京：国防大学出版社，2000.

[26] 王向清.《孙子兵法》辩证思维研究 [M]. 长沙：岳麓书社，2002.

[27] [美] 诺曼·弗里德曼. 网络中心战：海军在三场战争中战略战术的发展 [M]. 赵玉亭，车福德，译. 北京：航空工业出版社，2013.

［28］李辉. 美军作战实验研究教程［M］. 北京：军事科学出版社，2013.

［29］［美］罗德尼·P. 卡莱尔. 美国人眼中的海湾战争［M］. 孙定寅，孙卫国，译. 北京：当代中国出版社，2005.

［30］江林. 战术简史［M］. 北京：解放军出版社，2016.

［31］邓锋，郑三立. 西方军事思想发展史［M］. 北京：国防大学出版社，1993.

［32］杜君立. 历史的细节：I、II［M］. 上海：上海三联书店，2016.

［33］任慧峰. 先秦军礼研究［M］. 北京：商务印书馆，2015.

［34］毕文波，严高鸿. 军事思维学前沿问题研究［M］. 北京：军事科学出版社，2005.

［35］查攸吟. 日俄战争全史［M］. 北京：中国长安出版社，2015.

［36］［瑞士］皮亚杰. 发生认识论原理［M］. 王宪钿，等译. 北京：商务印书馆，1981.

［37］［德］海因茨·威廉·古德里安. 闪击英雄——古德里安将军战争回忆录［M］. 戴耀先，译. 北京：民主与建设出版社，2015.

［38］苏捷. 绝对理性——探寻思维的局限［M］. 上海：上海三联书店，2014.

［39］孙晔飞. 战术文化论［M］. 北京：军事科学出版社，2009.

［40］刘戟锋. 军事技术论［M］. 北京：兵器工业出版社，1991.

［41］［英］怀特海. 思维方式［M］. 刘放桐，译. 北京：商务印书馆，2011.

［42］赵彦亮. 战术理论学习指南［M］. 北京：国防大学出版社，2004.

［43］曾苏南，程传会. 纵深攻击的昨天、今天和明天［M］. 北京：军事科学出版社，1998.

［44］杨博文，谭祖雪. 自然辩证法新编——复杂性科学理论及其哲学

[M]. 北京：石油工业出版社，2008.

[45] 王培. 陆军智能化作战研究 [M]. 北京：军事科学出版社，2018.

[46] 迟维东. 逻辑方法与创新思维 [M]. 北京：中央编译出版社，2005.

[47] 爱因斯坦文集：第 1～3 卷 [M]. 许良英，范岱年，等译. 北京：商务印书馆，1976、1977、1979.

[48] [英] 汤姆·索雷尔. 笛卡儿 [M]. 李永毅，译. 北京：译林出版社，2014.

[49] 唐培和，徐奕奕，王日凤. 计算思维导论 [M]. 桂林：广西师范大学出版社，2012.

[50] 孙小礼. 科学方法论史纲 [M]. 北京：北京出版社，1988.

[51] [美] 魏斐德. 历史与意志：毛泽东思想的哲学透视 [M]. 李君如，等译. 北京：中国人民大学出版社，2005.

[52] 徐长福. 理论思维与工程思维：两种思维方式的僭越与划界 [M]. 上海：上海人民出版社，2002.

[53] 军事科学院战争理论和战略研究部. 中国古代经典战例：第 1、2、3 卷 [M]. 北京：解放军出版社，2012.

[54] 梁必骎. 军事哲学教程 [M]. 北京：军事科学出版社，2000.

[55] 陈守民. 打开战争之门（上、下册）[M]. 北京：世界知识出版社，2011.

[56] 王欣. 中国古代战争 [M]. 北京：中国商业出版社，2014.

[57] [美] 贝塔朗菲. 一般系统论：基础、发展和应用 [M]. 林康义，魏宏森，译. 北京：清华大学出版社，1987.

[58] 欧建平. 中国特色现代军事力量体系 [M]. 北京：经济科学出版社，2017.

[59] 肖冬松. 新军事变革的文化分析 [M]. 北京：国防大学出版社，

2009.

［60］魏作凯，王仲元. 中西文化比较研究［M］. 北京：解放军出版社，2009.

［61］万福明. 中美陆军战术发展比较研究［M］. 北京：军事科学出版社，2009.

［62］白虹. 二战全史［M］. 北京：中国华侨出版社，2014.

［63］中国人民解放军军事科学院外国军事研究部. 外国对英阿马岛战争经验教训的评论［M］. 北京：中国对外翻译出版公司，1983：190.

［64］刘戟锋. 兵器进化之路［M］. 北京：北京理工大学出版社，2004.

［65］［英］J.D. 贝尔纳. 科学的社会功能［M］. 陈体芳，译. 北京：商务印书馆，1982.

［66］［法］迭朗善. 摩奴法典［M］. 马香雪，译. 北京：商务印书馆，1985.

［67］［英］巴塞尔·李德·哈特，阿德里安·李德·哈特. 剑与笔——世界最伟大的军事名著文摘［M］. 军事科学院，译. 北京：军事科学出版社，1990.

［68］杨楹. 精神的脉络——思维方式的历史研究［M］. 福州：福建人民出版社，2000.

［69］车先明，胡坚. 战术变革的技术动因与规律探析［J］. 中国军事科学，2005（6）：84–92.

［70］傅海淀.《孙子兵法》思维智慧的主要表现及启示［J］. 滨州学院学报，2013（1）：16–20.

［71］涂向阳. 爱因斯坦的探索性演绎法浅析［J］. 漯河职业技术学院学报，2012（5）：75–77.

［72］夏劲，杨志军. 从狭义相对论看爱因斯坦的科学思想、研究方法及哲学思想［J］. 自然辩证法研究，2005（8）：93–96.

[73] 刘邦奇. 伊拉克战争中的美军网络中心战 [J]. 外国军事学术，2003（8）：28–31.

[74] 杨春光. 透析美军军事理论创新发展的多重动因 [J]. 国防大学学报，2013（12）：105–106.

[75] 黄朴民. 从“以礼为固”到“兵以诈立”——对春秋时期战争观念与作战方式的考察 [J]. 学术月刊，2003（12）：82–90.

[76] 王积建，于洋. 从祭祀问卜到诡道权谋——论先秦军事思维发展演变的历史轨迹 [J]. 南京政治学院学报，2010（2）：92–97.

[77] 于江欣. 关于军事变革中技术因素的理论思考 [J]. 中国军事科学，2009（4）：151–155.

[78] 赵秋. 论“兵者诡道”产生的根源与谋略特征 [J]. 指挥学报，2014（5）：36–37.

[79] 严高鸿. 信息化战争与军事思维构成要素的变化 [J]. 中国军事科学，2004（5）：50–55.

[80] 赵存如. 系统综合集成理论概说 [J]. 中国军事科学，2004(3)：44–49.

[81] 张乃千. 未来战争，算法比战法更可怕 [N]. 解放军报，2017-07-14（11）.

[82] 沈寿林，张国宁，杜丹. 作战实验：战争预实践的有效方法和手段 [J]. 中国军事科学，2007（3）：6–12.

[83] 武伟丽. 论毛泽东军事思维方式 [J]. 中国军事科学，2013(4)：34–46.

[84] 董良成. 新军事变革中我军战术发展问题研究 [D]. 南京：南京陆军指挥学院，2005.

[85] 李振松. 战术发展历史拐点问题研究 [D]. 石家庄：石家庄陆军指挥学院，2016.

[86] 黄松平. 晚清军事文化变迁与军事技术进步 [D]. 长沙：国防科

技大学，2014.

[87] 李和宸. 论当代战争观念的思维方式变革 [D]. 长春：东北师范大学，2005.

[88] 胡坚. 战术变革研究 [D]. 南京：南京陆军指挥学院，2005.

[89] SEAN T. LAWSON. Nonlinear science and warfare: chaos, complexity and the U.S.Military in the information age [M]. London: Routledge, 2014.

[90] STEVE NOON. World War Ⅱ winter and mountain warfare tactics [M]. Oxford: Osprey Publishing Ltd., 2013.

[91] WAYNE P. HUGHES. Fleet tactics and coastal combat: Second Edition) [M]. Maryland: Naval Institute Press, 2000.

[92] JUSTIN KELLY, MIKE BRENNAN. Distributed manoeuvre: 21 century offensive tactics [M]. Duntroon: Land Warfare Studies Centre, 2009.

[93] JASON ANDRESS. Cyber warfare: techniques, tactics and tools for security practitioners [M]. USA: Elsevier Press, 2011.

[94] ROB JOHNSON, MICHAEL WHITBY, JOHN FRANCE. How to win on the battlefield: 25 key tactics to outwit, outflank and outfight the enemy [M]. London: Thames & Hudson Ltd., 2010.

[95] CHRISTOPHER E. LARSEN. Light infantry tactics: for small teams [M]. Bloomington: AuthorHouse., 2005.

[96] H.HALLECK. Elements of military art and science: course of instruction in strategy, fortification, tactics of batt [M]. Deloraine: Mountain Waters Pty Ltd., 2012.

[97] ERNEST G. BORMANN. The force of fantasy: restoring the america dream [M]. Carbondale, 1995.